Eduard von Keyserling

AM SÜDHANG

Eduard von Keyserling

AM SÜDHANG

Eine Sommererzählung

Reclam

RECLAMS UNIVERSAL-BIBLIOTHEK Nr. 14375
2023 Philipp Reclam jun. Verlag GmbH,
Siemensstraße 32, 71254 Ditzingen
Gestaltung: Philipp Reclam jun. Verlag GmbH
Umschlagabbildung: Leo Putz, *Im Kahn*, um 1911 – akg-images
Druck und Bindung: EsserDruck Solutions GmbH,
Untere Sonnenstraße 5, 84030 Ergolding
Printed in Germany 2023

ISBN 978-3-15-014375-9

Auch als E-Book erhältlich

www.reclam.de

AM SÜDHANG

Karl Erdmann von West-Wallbaum war Leutnant geworden, und während er durch den Sommerabend dem elterlichen Landhause zufuhr, sagte er sich, dass all die klugen, hochmütigen Leute, welche schlecht vom Leben sprachen, ja dass seine eigenen weltschmerzlichen Stunden dem Leben unrecht taten. Es gab wirklich ganz einwandfreie Lebenslagen. Und mit wie geringen Mitteln baute das Leben oft solch ein Glück auf. Wie viele junge Leute wurden jedes Jahr Leutnant, und mit dem Leutnant war schließlich auch noch nicht allzu viel erreicht. Dennoch, und es war vielleicht lächerlich, aber dieser Leutnant machte ihn glücklich. Er hatte das Gefühl, als sei etwas Neues in ihm; das ihn zu einem andern machte, zu einem, der mehr Recht auf Liebe, Bewunderung und alles Gute der Welt hatte als der frühere Karl Erdmann. Das würden sie dort zu Hause wohl verstehen. Das war es ja, was das Leben zu Hause so weich und verwöhnend machte, dass man sich so mühelos einander verstand. Menschen, die einander leicht verstehen, wissen, dass sie einander leicht verwunden können. Daher kam vielleicht in das Leben dort zu Hause die köstliche Behutsamkeit des Umgangs, die Karl Erdmann stets die Empfindung gab, als sei er etwas sehr Kostbares, das zart angefasst werden musste. Nun lagen zwei Monate in dem Elternhause vor ihm, zwei ganz sorglose Monate, denn die Schulden hatte er schon gebeichtet. Er würde nichts anderes zu tun haben, als im alten Garten umherschlendern, auf den Wiesen liegen, von seiner Mutter und seinen Schwestern sich verwöhnen lassen, des Vaters gute Zigarren rauchen und ungestört dieses süße Gefühlvolle in sich gewähren lassen, wie es nur in den alten elterlichen Landhäusern gedieh. Seltsam war es, wie sich dort jedes kleine Ereignis mit einer Gefühlsatmosphäre umgab, die es groß und farbig erscheinen ließ wie der durch Abenddünste aufsteigende Mond. Karl Erdmann war häufig schon verliebt gewesen, als Kadett und als Fähnrich. Und draußen in der Garnison hatte manche Liebesaffäre gespielt. Allein das war ganz etwas anderes, als zu Hause in den Ferien verliebt zu sein. Da war es eine stille, stetige und erregende Beschäftigung. Man lag stundenlang im Grase und war verliebt, ließ sich von einem starken, süßen, ein wenig erschlaffenden Gefühle wiegen. Draußen konnte Karl Erdmann zynisch und schneidig sein, hier wurde er empfindlich und feinschalig wie eine Frucht, die auf dem Südhange gereift ist. Karl Erdmann war also in den Ferien immer verliebt gewesen, und zwar immer in Frau von Bardow. Das gehörte zu den Ferien wie das Glitzern des Weihnachtsschnees oder wie die gelben Augustbirnen. Eigentlich waren alle zu Hause in Frau von Bardow verliebt, selbst der Vater holte, wenn er mit ihr sprach, seine alten ritterlichen Gardedukorpsmanieren hervor, und Frau von Bardow schien das zu wollen. Sie sprach mit allen diesen Männern so, als wünschte sie, ihnen den Kopf zu verdrehen, oder als bestände zwischen einem jeden von ihnen und ihr ein einzigartiges Verhältnis. So war es mit Botho, dem Hauptmann, Karl Erdmanns älterem Bruder, so mit dem Legationsrat Grafen Ottomar von der Lynck, dem Verlobten von Karl Erdmanns Schwester Oda; ja sogar mit dem fünfzehnjährigen Leo und seinem Hauslehrer Herrn Aristides Dorn hatte Frau von Bardow eine besondere erregende Art zu verkehren. Nur mit ihm, Karl Erdmann, hatte sie stets eine schwesterliche, fast mütterliche Art des Verkehrs gehabt. Und doch hatte er schon als Knabe den Zauber dieser seltsamen, schönen Frau stärker als alle andern empfunden, so stark, dass er oft wehrlos gegen das eigene Gefühl auf die Wiese hinausrannte, sich auf einen Heuhaufen warf, das Gesicht in das Heu steckte und weinte. Frau von Bardow aber tat nie so, als merkte sie etwas davon, während sie doch bei allen andern Herren von vornherein so tat, als sei es kein Zweifel, dass sie ganz unter ihrem Zauber standen. Nun, der Leutnant würde auch hier alles verändern, und diese Überzeugung trug nicht wenig zu Karl Erdmanns augenblicklichem Glücke bei.

Daniela von Bardow war von ihrem Gemahl geschieden. Karl Erdmann erinnerte sich des seltsamen, geheimnisvollen Mitleidgefühls, das er als Knabe empfunden hatte, wenn die Erwachsenen andeutungsweise davon sprachen, dass Bardow ein schlechter Mensch sei, dass die arme Daniela viel gelitten habe und noch immer von der Welt verkannt und falsch beurteilt werde. Frau von West-Wallbaum liebte Daniela sehr und verteidigte sie stets leidenschaftlich. »Es tut immer weh«, pflegte sie zu sagen, »wenn jemand leidet, weil ihm Unrecht geschieht. Wenn aber Daniela beleidigt wird und leidet, dann empört das wie eine sinnlose Grausamkeit. Es ist so, als ob jemand eine Blume beleidigt.« Karl Erdmann verstand das wohl, und jetzt, da er für Daniela doch auch etwas bedeuten würde, jetzt sollte sie erfahren, wie tief er für sie fühlte. Er hob die Arme und streckte sich behaglich, so dass das Seidenfutter der neuen Uniform angenehm knisterte. Also für die nächsten zwei Monate stand lauter Gutes und Schönes in Aussicht, und Karl Erdmann wollte es sich schmecken lassen. Da war noch zwar dieses Duell, aber das sollte ihn nicht stören. An ein Duell dachte man wie an eine unvermeidliche Geschäftssache, die abgemacht werden musste, nicht anders. Es war eine hässliche Szene gewesen drüben in der Garnison mit einem betrunkenen Referendar, der sich Redensarten gegen das Regiment erlaubt hatte. Übrigens hatten der Ehrenrat und die Kameraden anerkannt, dass Karl Erdmann sich gut benommen hatte. Natürlich bat der Referendar um Aufschub, weil er noch manches zu ordnen hatte, Zivilisten bitten immer um Aufschub und haben immer etwas zu ordnen. Aber in den nächsten Wochen sollte das Duell stattfinden. Gut, Karl Erdmann störte das nicht, im Gegenteil, es fiel ihm zwar nicht ein, gefühlvoll an dies Duell zu denken, allein die Tatsache, dass es zu den Ereignissen dieses Sommers gehören würde, gab dem Bilde dieses Sommers, gab der Gestalt Karl Erdmanns doch ein eigenes, ein wenig mystisches Licht. So störte denn nichts seine Freude.

Der Wagen bog in die lange Lindenallee ein. Hier war es dunkel und so still, dass das Rascheln des Taues in den Blättern hörbar war. Karl Erdmann wurde es ganz feierlich zumute. Hier erst schien es ihm, als ließe er endgültig die Welt der Garnisonen, der Kasinos, der Rekruten und der frechen kleinen Mädchen hinter sich und fuhr durch diesen stillen, finsteren Korridor, in dem es erfrischend nach feuchtem Laub duftete, dem Erdflecken zu, auf dem es galt, nichts zu tun, als tief zu fühlen, gut zu essen und sich verwöhnen zu lassen.

Da war schon das Landhaus mit der langen, weißen Front. Auf der Freitreppe hatte sich die ganze Familie versammelt, all die großen blonden Gestalten, aus der Sommerdämmerung schimmerten die weißen Kleider der Mädchen und die roten Pünktchen der brennenden Zigarren. Eine sich überschlagende Knabenstimme rief: »Hurra.« Karl Erdmann eilte sporenklirrend die Treppe hinan und suchte sich unter den großen Gestalten die kleinste heraus, um sie in seine Arme zu nehmen, seine Mutter. Dann begann das Begrüßen der andern. Niemand sprach. Es hatte etwas Sakramentales, so von einem zum andern zu gehen und sich küssen zu lassen. Zuerst die Schwestern Oda und Heida, dann der Bruder Hauptmann und der fünfzehnjährige Leo.

Selbst der kühle Legationsrat, Odas Bräutigam, küsste Karl Erdmann auf beide Wangen. Fräulein Undamm, die Gouvernante, und Herr Dorn, der Hauslehrer, drückten Karl Erdmanns Hand so innig, wie man es sonst nur bei Begräbnissen oder Trauungen zu tun pflegt. In einer Ecke stand eine schmale, weiße Gestalt, in der Dämmerung erschien auch das Gesicht sehr weiß zwischen den schwarzen Scheiteln. Es war Frau von Bardow. Als Karl Erdmann ihr die Hand küsste, sagte sie mit ihrer hübschen, singenden Stimme: »Gut, dass Sie da sind, nun ist der Sommer komplett.«

»Na also!«, rief Herr von West-Wallbaum laut, als wollte er dadurch den Schluss einer feierlichen Zeremonie ankündigen, und man ging in das Haus.

Die Zimmer waren voller Licht, voller Blumen und weißer Mullgardinen. Durch die geöffneten Fenster duftete der dunkle Garten herein. Nach der stillen Fahrt machten die vielen Menschen, das Kommen und Gehen, all die Stimmen Karl Erdmann ein wenig schwindelig. Er unterhielt sich ernst mit seinem Vater, mit seinem Bruder über die Flotte und das Regiment, dabei bemerkte er, dass in dem Gespräch der beiden Herren mit ihm ein Ton achtungsvoller Gleichstellung durchklang, der ihm neu war. Neben ihm stand schweigend seine Mutter und hielt seinen Arm. Das kleine Gesicht mit den vielen Fältchen unter der großen Spitzenhaube war erhitzt, weiß und rosa wie das Gesicht eines Kindes.

Während der Abendmahlzeit dauerten die militärischen Gespräche fort, und alle an der langen Tafel hörten zu und sahen Karl Erdmann an, wie etwas, das sie sehr interessierte und das sie bewunderten. Alle, auch die Kinder, selbst Herr Aristides Dorn, der dabei zwar sein verhaltenes hochmütiges Lächeln lächelte und sich immer wieder eine schwarze Haarlocke aus der Stirn strich mit einer Bewegung, die wie ein Protest aussah. Nur Daniela war unaufmerksam, ordnete die Brotkrümchen auf dem Tischtuch zu kleinen Mustern, flüsterte ihrem Nachbarn etwas zu, worüber gelacht wurde, und benahm sich wie jemand, der entschlossen ist, die Andacht einer Zeremonie nicht zu teilen. Das quälte Karl Erdmann; er fand sie wieder ergreifend schön, das schmale Gesicht mit der wunderbaren Klarheit der feinen Züge, dazu die schieferblauen Augen, die von den Wimpern so seltsam umschattet wurden, und der hellrote Mund, dessen Lächeln dem strengen Gesichte etwas Strahlendes und Blühendes verlieh. Bei Gott, diese Frau wirkte auf Karl Erdmann so stark, dass, wenn er sie ansah, er sich so wehrlos und schwach wie ein verliebter Schuljunge fühlte.

Nach dem Essen trank man zur Feier des Tages auf der Gartentreppe eine Bowle. Man saß da zusammen in der Dämmerung der nordischen Sommernacht, die schwer von Düften war, und Karl Erdmann, direkt von der Garnison hier hineingekommen, empfand alles als seltsam traumhaft und unwirklich, den so in der Finsternis getrunkenen Wein, die Zigarre, die Stimmen, die in die Dunkelheit hineinsprachen. Der Vater fragte noch immer nach dem Oberstleutnant von Treskow und dem General von Langen, und dann begann er die oft erzählten Geschichten aus seiner Militärzeit zu erzählen. Die andern hielten es nicht lange beim Wein aus, einer nach dem andern schlich sich in den Garten hinab. Der Graf Lynck legte seinen Arm um Odas Taille, um mit ihr die dunkle Kastanienallee entlangzugehen. Karl Erdmann sah noch, wie Odas hohe üppige Gestalt sich fest an den Grafen anschmiegte, und er dachte ärgerlich, »was nur dieses herrliche Mädchen an dem schmalschultrigen, fischblütigen Diplomaten haben kann«. Die beiden Kinder suchten im feuchten Rasen nach den Frühbirnen, die man in der Dunkelheit vom Baum fallen hörte. Botho unterhielt sich mit Daniela. Er sprach halblaut und machte seine Stimme weich und musikalisch, wie die meisten Männer es taten, die mit Daniela sprachen. Daniela antwortete zögernd, als müsste sie über das, was Botho sagte, nachdenken. Und dann plötzlich erhob sie sich, stieg die Treppenstufen hinab und rief eine dunkle Gestalt an, die unten auf dem Gartenwege stand: »Ach, Herr Dorn, Sie haben mir da ein Buch gegeben, das ich nicht verstehe.« Sie lachte, sie blieb dort unten stehen und unterhielt sich mit Aristides Dorn. Ja, das war Daniela, Karl Erdmann kannte das, sie ruhte nicht eher, als bis der Zauber der Sommernacht für alle Männer um sie her voll von ihr war. Nur mit ihm hatte sie heute noch nicht gesprochen. Nun, er gehörte heute noch nicht dazu, er kam sich selber ein wenig wie ein fremder Besuch vor, aber das würde morgen vorüber sein.

Man trennte sich spät. Karl Erdmann schlief mit Leo in einem Zimmer. Der Knabe erwachte, als Karl Erdmann eintrat, und sagte schlaftrunken: »Ah, der Leutnant! man wird sehen, ob er weniger schnarcht als der Fähnrich.« Später kam noch Botho, um von Karl Erdmann noch Genaueres über die Affäre zu hören. Sie sprachen halblaut, um Leo nicht zu wecken, Botho ließ sich alles genau erzählen, äußerte sich sehr sachlich über den Fall und sagte, es freue ihn außerordentlich, dass alles so korrekt abgelaufen sei und dass Karl Erdmann sich so gut gemacht habe: »Also in nächster Zeit muss es zum Klappen kommen, schön, schön, gute Nacht«, und damit ging er anscheinend sehr befriedigt.

Karl Erdmann stand noch einen Augenblick am geöffneten Fenster und schaute in den Garten hinab. Das Lob des Bruders hatte ihm wohlgetan, auch er war zufrieden damit, dass alles korrekt verlaufen war, und dabei war er ein wenig stolz darauf, so einer auserwählten Klasse von Menschen zu gehören, die sich über so etwas freuten. Unten im Garten trieb sich noch eine einsame Gestalt umher, das war ja der unheimliche Hauslehrer, den ließ wohl die Liebe zu Daniela nicht schlafen. Wenn Daniela vom Duell wüsste, fuhr es Karl Erdmann durch den Kopf, würde er dann nicht für sie ein anderer sein? Würde er ihr dann nicht wichtiger werden? Ach lächerlich. Die ungewohnte Stille der Nacht machte ihn sentimental, er wollte lieber schlafen gehen.

Den nächsten Tag begann Karl Erdmann damit, sich, wie er es nannte, systematisch zu akklimatisieren. Er ging durch das ganze Haus, hörte den bekannten Ton jeder Türklinke, roch den jedem Zimmer eigentümlichen Geruch. In einem Zimmer fand er Heida, die bei Fräulein Undamm Unterricht nahm. Die Gouvernante sah sehr klein und braun aus neben dem großen Mädchen mit dem honigblonden Haar. Fräulein Undamm errötete und sagte: »Ah, der Herr Leutnant gibt uns die Ehre.« Heida lachte über das ganze rosa Gesicht, es war ihr, als sei mit Karl Erdmann eine Flut von Ferienluft in das Zimmer gedrungen. »Ach«, meinte sie, »heute ist er gar nicht mehr imposant, ja, gestern in der Uniform.« – »Ich will nicht imponieren«, erwiderte Karl Erdmann, »ich will mich akklimatisieren. Entschuldigen Sie, ich gehe schon weiter.« Im anstoßenden Zimmer fand er Herrn Dorn, der Leo eine lateinische Stunde erteilte. Herr Dorn begrüßte Karl Erdmann sehr formell, lächelte ironisch und strich sich die schwarze Locke aus der Stirn.

»Der Herr Leutnant wollen vielleicht ein wenig prüfen?« Aber Leo zog die Augenbrauen hoch und äußerte: »Prüfen? Bei der Kadettenbildung!«

»Nein, nein«, sagte Karl Erdmann, »ich wollte nur hier drin gewesen sein; entschuldigen Sie.«

Er ging in den Hof hinunter, um die Hunde zu sehen, um im Stall den Pferden auf die blanken Hälse zu klopfen, um den Geruch von Heu, Teer, von in der Sonne heiß gewordenen Steinen und Holz einzuatmen. Dann ging er wieder ins Haus, um seine Mutter zu begrüßen.

Frau von Wallbaums Zimmer, himmelblau und weiß, sah aus wie das Zimmer eines jungen Mädchens. Sie selbst im hellgeblümten Sommerkleide, blaue Bänder auf der weißen Morgenhaube, saß an ihrem Schreibtisch und schrieb ihr Tagebuch. Sie war die Einzige der Familie, die ein Tagebuch schrieb. Als ihr Sohn eintrat, lächelte sie ihm entgegen, den Kopf ein wenig zurückgebogen, damit der Kneifer nicht von der Nase falle. »Ah, da bist du«, sagte sie. »Ich habe eben deine Ankunft ganz ausführlich beschrieben, und jetzt wollen wir in den Garten gehen.« Sie hing sich in seinen Arm, und sie stiegen über die sonnenheißen Steinstufen der Gartentreppe in den Garten hinab. Es war ein altmodischer Garten mit langen Rabatten voll altmodischer Blumen, dicke Zentifolien an niedrigen Büschen, gebrochenes Herz und gelbe Immortellen, die in der Sonne wie Zwanzigmarkstücke glänzten. Unter den Fenstern aber stand die Reihe der Lilien weiß und feierlich.

»Ach Kind«, sagte Frau von Wallbaum, »ich habe die ganze Nacht nicht geschlafen vor Freude, dass du da bist. Es ist, glaube ich, mehr als die Freude darüber, dass ich mein Kind wiederhabe; wenn du da bist, ist es mir, als hätte ich einen Verbündeten. Die andern sind ja alle so gut und lieb, aber sie sind doch alle vernünftiger als ich. Noch gestern sagte Heida, als ich etwas tun wollte: ›Ach, Mama, lass mich das machen, du kannst es ja doch nicht.‹ Und sie hat auch recht. Aber mit dir habe ich das Gefühl, dass ich so unvernünftig, wie ich will, sein kann, dass du mich doch verstehst. Ja, mit dir und mit Daniela habe ich dies Gefühl, wie es vielleicht Kinder haben, wenn die Erwachsenen fortgehen und die Kinder ungestört miteinander ihre Sprache sprechen können. Aber was ich nicht für Zeug zusammenspreche.« Sie bog ihren Kopf zurück, um zu Karl Erdmann hinaufzusehen, und lächelte. Als jedoch Karl Erdmann sagte: »Daniela, wie geht es ihr? Gestern schien sie heiter«, da machte Frau von Wallbaum gleich wieder ein besorgtes Gesicht:

»Heiter! Mein Gott, die arme Frau hat auch ihre Kämpfe, sie hat ihre Feinde, die alles falsch deuten, was sie tut. Daniela erträgt es nun einmal nicht, dass es um sie her traurig oder alltäglich ist, sie kann nichts dafür. Lilien können auch nichts dafür, dass es um sie her süß und ein wenig schwül duftet, nicht wahr? Nun, bei uns wird sie immer Schutz finden, und für mich ist sie eine große Freude. Mit Daniela fühle ich mich so jung. Wenn wir abends zusammen bis zur Wiese gehen, um den Sonnenuntergang zu sehen, dann habe ich zuweilen das Gefühl wie an Festtagen in meiner Jugend. Und dann – mit Daniela kann ich so lachen wie sonst nur noch mit dir.« Plötzlich wurde Frau von Wallbaum zerstreut und hielt inne. Sie hatte auf dem Rasenplatz zwei gelbe Löwenzahnblüten entdeckt. Der Löwenzahn war ihr Feind, sie trug stets kleine Werkzeuge bei sich, um ihn auszurotten. »Da sind wieder zwei«, rief sie und ließ den Arm ihres Sohnes los, »geh nur weiter, geh zu Daniela, sie sitzt in der Bohnenlaube, ich muss die beiden dort haben.« Und geschäftig eilte sie zum Rasenplatz.

Karl Erdmann schlenderte langsam den Kiesweg entlang. In der Bohnenlaube fand er Daniela. Sie trug ein erdbeerfarbenes Sommerkleid, ein Buch lag vor ihr aufgeschlagen, aber sie lehnte den kleinen Kopf mit den schwarzen Scheiteln zurück in das Laub und die roten Blüten der Bohnen. Als Karl Erdmann in die Laube trat, nickte sie freundlich, »freundlich, ja«, dachte Karl Erdmann, »aber ihr strahlendes Lächeln, das sie für die andern hat, hat sie für mich nicht«. Er setzte sich zu ihr und fragte: »Störe ich?« – »O nein«, erwiderte Daniela.

»Heute sind Sie schon ganz Hausgenosse. Gestern ja, da waren Sie ein wenig imposant wie – wie die Puppen, die man zu Weihnachten bekam und die noch zu blank waren, um damit zu spielen.«

»Können Sie heute mit mir spielen?«, fragte Karl Erdmann schnell. Daniela lachte: »Es ist sehr hübsch, ein Leutnant muss ja wohl Damen hübsche Sachen sagen, aber dieses war ungewöhnlich hübsch.«

Karl Erdmann lachte nicht mit. Er zog die Augenbrauen ein wenig zusammen und meinte: »Ich glaube, für Sie ist ein Leutnant an sich etwas Lächerliches.«

»O nein«, erwiderte Daniela ernst, »und jetzt am wenigsten, da Ihre Mutter um Ihretwillen um den Leutnant etwas wie einen Heiligenschein gelegt hat. Wenn Ihre Mutter jetzt von Leutnants spricht, dann scheint mir ein Leutnant etwas sehr Schönes, und Sie wissen, ich schaue alles am liebsten mit den Augen Ihrer Mutter an, das macht mich glücklich.«

»Hm, recht schön«, brummte Karl Erdmann, »nur würde ich gern wissen, wie ich ausschaue, wenn Sie mich mit Ihren eigenen Augen ansehen.«

Daniela zog die Augenbrauen ein wenig empor: »Warum wollen Sie das, seien Sie zufrieden, dass Sie mit den gütigsten Augen der Welt angesehen werden.«

Das klang hübsch und schwesterlich und kränkte Karl Erdmann doch. Beide schwiegen jetzt und schauten auf einen Trauermantel nieder, der vor ihnen auf dem besonnten Kies lag wie ein kleines Stück Samt. Über Danielas Stirn hingen rote Bohnenblüten wie Blutstropfen, und all das Laub ringsum mischte viel Grün in das Schieferblaue ihrer Augen, dass sie zu schimmern begannen wie die Brust eines Pfaues.

Plötzlich stand Botho vor ihnen in seinem hellen Sommeranzuge, den Strohhut im Nacken, der Schnurrbart sehr blank, die Augen sehr blau. Er lächelte ein zärtliches Lächeln zu Daniela hinüber. Karl Erdmann sah ihn mit Abneigung an. Ihm missfiel dies Prachtexemplar von Mann. Er hatte stets das Gefühl gehabt, dass Botho ihn verachte, weil er schmalschulterig und braun und nicht groß und blond wie die andern der Familie war. Und jetzt noch dieses süße Lächeln.

»Nun, Daniela«, sagte Botho, »das ist ja Ihre Stunde. Soll ich Sie nicht wieder unter den Weiden hinrudern?«

Daniela schien sich wirklich darüber zu freuen. »Ach ja, das wird schön sein. Mit Karl Erdmann sind wir im Gespräch sowieso bis zu einem Absatz gekommen.«

Sie stand eilig auf und griff nach ihrem Sonnenschirm. Karl Erdmann schaute den beiden nach, wie sie nebeneinander den Kiesweg hinabgingen, bis Danielas roter Sonnenschirm unter den Parkbäumen verschwand. Plötzlich war Karl Erdmanns froherregte Stimmung verflogen. Was sollte er denn jetzt tun? Was tat man denn überhaupt hier in dieser Zeit, wenn – wenn man nicht bei Daniela war? Er erhob sich und ging langsam, leise vor sich hin pfeifend, auch den Kiesweg hinab und auch dem Parke zu. Dort setzte er sich auf eine Bank, die im Schatten der großen Ulmen stand. Er konnte ein Stück des Teiches sehen, der mit einer grellgrünen Pflanzendecke überdeckt war, er sah das Boot und Danielas roten Sonnenschirm, die langsam unter den Weiden dahinfuhren. Gut, das war es also, was man hier tat. Man sitzt auf einer schattigen Bank, sieht einen roten Sonnenschirm durch all das Grün fahren und denkt an nichts. Nur dass, wenn man von da draußen kommt, so was immer wieder gelernt werden will.

»Guten Morgen«, sagte eine hohe, schnurrende Stimme, der Legationsrat war die Allee herabgekommen und stand vor Karl Erdmann, im weißen Pikeeanzug, das Gesicht mit den scharfen, ein wenig gespannten Zügen war bleich und müde, das Monokel war ganz grün von dem Laub, das sich in ihm spiegelte.

»Du sitzest hier ja sehr schön«, fuhr er fort. »Erlaube, dass ich mich zu dir setze.« Er setzte sich auf die Bank und betrachtete eine Weile schweigend seine polierten Nägel: »Ich sitze nämlich,« begann er in seiner nachlässigen und schnurrenden Weise, »ich sitze nämlich sehr gern neben dir, denn ich vermute, dass du heute derjenige im Hause bist, der die beste Laune hat. Ich weiß, in deiner Situation fühlt man sich immer sehr glücklich, und neben einem solchen zu sitzen ist recht zuträglich.«

Karl Erdmann lachte. »Du gefällst mir. Ich denke, du bist hier der Glückliche. Wenn man verlobt ist, ist man doch glücklich.«

»O gewiss«, erwiderte der Graf höflich, »besonders wenn man mit deiner Schwester verlobt ist. Aber in der Technik des Glücklichseins kann man von euch jungen Leuten immer etwas lernen.« Jetzt schwiegen sie beide und schauten dem roten Sonnenschirm unter den Weiden nach. Endlich sagte Karl Erdmann halblaut: »Und das da drüben? Was geht da vor?«

Der Graf zuckte die Achseln: »O nichts, gar nichts. Frau von Bardow schafft sich ihre Atmosphäre. Eine charmante Frau. In Petersburg kannte ich einen alten Fürsten. Er besaß ein Gut in Südrussland und verbrachte im Sommer einige Wochen auf diesem Gute. Da wurde nun erzählt, dass er eines Tages spazieren fährt und eine Windmühle sieht, die stillsteht. Er ruft einen Bauern heran und fragt: ›Warum dreht sich die Windmühle nicht?‹ ›Weil wir keinen Wind haben, Exzellenz‹, sagt der Bauer. Da fährt ihn der Fürst an: ›Sage dem Inspektor, ich befehle, dass, wo hier bei mir Windmühlen stehen, sie sich auch drehen sollen.‹ ›Zu Befehl, Exzellenz‹, sagte der Bauer … Nun ja, Frau von Bardow will eben auch, dass, wenn Windmühlen um sie her sind, sie sich drehen. Ah, da kommt Oda.«

Er stand auf und ging Oda entgegen, die ohne Hut im weißen Kleide unter den Bäumen in dem grünen zitternden Lichte stand. Als er den Arm um ihre Taille legte, bog Oda sich wieder mit der hübschen, leidenschaftlich hingebenden Bewegung zurück. Karl Erdmann wandte sich ab, er wollte das nicht sehen, Oda tat ihm leid. »Dieser Herr«, dachte er, »braucht noch irgendeine Technik des Glückes bei andern zu lernen mit solch einem Mädchen. Und dann die dumme Windmühlengeschichte.« Der Platz war ihm verleidet. Er erhob sich. Es hatte um diese Stunde ja doch niemand Zeit für ihn, so wollte er denn auf der Hofestreppe sitzen, dem Treiben dort zusehen und auf das zweite Frühstück warten. Das gehörte ohnehin zum Urlaubsleben auf dem Lande, dass man immer auf eine Mahlzeit wartete. So saß er denn auf der Hofestreppe und sah, wie der Koch ganz weiß, das blanke Küchenmesser in der Hand, zum Eiskeller ging, Milchmädchen mit ihren Eimern ab und zu liefen. Am Stall longierte der Kutscher den Braunen, und im Stallteich wurden Arbeitspferde geschwemmt. Dem zuzuschauen war heimatlich und interessant, aber plötzlich ging Karl Erdmann ein unerwarteter Gedanke durch den Kopf. Das Bewusstsein, dass dieses Treiben hier ruhig fortging, wenn er drüben in der Garnison war, das war beruhigend und angenehm, aber zu denken, dass, wenn er überhaupt nicht mehr wäre – nach dem Duell vielleicht – alles hier so weiterginge, dieser Gedanke war unerträglich, fast demütigend. Ärgerlich fuhr er auf. Was war es denn heute mit ihm? So etwas denkt man doch nicht.

In den Nachmittagsstunden dieser langen Sommertage pflegte es im Hause, Hof und Garten stille zu werden. Frau von Wallbaum nahm Daniela in ihr Zimmer, die Herren zogen sich zurück. Botho behauptete, in der Bibliothek lesen zu wollen, und schlief in dem großen Sessel ein. Den Grafen Lynck machten die Nachmittagsstunden nervös, und er musste in seinem Zimmer still auf der Couchette liegen. Nur den beiden Kindern ließ der Sommer keine Ruhe. Sie trieben sich draußen unter den Obstbäumen umher, und über den einsamen Hof hastete nur die Kammerjungfer Lina sehr erhitzt, die Stirn voll nasser Haarsträhnen. Sie kam von einem Stelldichein hinter den Jasminbüschen, denn Lina hatte zu jeder Tageszeit Stelldicheins hinter den Jasminbüschen.

Karl Erdmann hatte es früher auch nicht anders gekannt, als dass man sich um diese Zeit faul hinstreckte. Er wunderte sich daher über sich selbst, über die seltsame Unruhe, die ihm jetzt im Blute saß, als könnte er etwas versäumen, als müsste etwas geschehen, etwas getan werden. Es war ihm, als hätte er die Aufgabe, etwas sehr Wichtiges seines Lebens zu erleben, und sei ungeduldig, dass die Sache nicht schnell genug vorwärtsginge. Nein, so etwas hatte er noch nie empfunden. Er hoffte sehr, dass dieses nicht mit sentimentalen Kommissgedanken an Tod und solche Geschichten zusammenhing. Aber da es nun einmal so war, so konnte er ja in den Garten zu den Kindern gehen.

Als er aus dem Hause trat, fand er unter zwei großen Linden Oda in der Hängematte liegen. Sie hielt ein Buch in der Hand, aber sie hielt die Augen geschlossen.

Er ging zu ihr hinüber und sah, dass ihr Gesicht feucht von Tränen war. »Warum weinst du, Oda?«, fragte er, »quält er dich?«

Oda schlug die Augen auf und errötete: »Es ist nichts«, sagte sie, »nein, warum soll er mich quälen. Komm, Karl Erdmann, es ist gut, dass du da bist, es ist so beruhigend, mit dir zu sprechen, du bist, wie sagt man doch, so neutral.«

»Oh, bin ich neutral?«, fragte Karl Erdmann und zog die Augenbrauen hinauf.

Oda schaute in die Baumzweige und sprach langsam vor sich hin, als setzte sie ein Gespräch fort: »Ich glaube, es liegt daran, dass wir hier in unserm stillen Winkel ein wenig einfältig werden. So stellte ich mir immer vor, Sich-Lieben und Sich-Verloben, das sei eine einfache Sache. Nun sehe ich aber, dass Sich-Lieben etwas ganz Kompliziertes ist. Zuweilen kommt es mir vor wie eine sehr schwierige Rechnung so mit Klammern und Xen. Ottomar sagt wohl, das sei so ein sentimentaler Unsinn, dass Menschen, die sich lieben, sich verstehen müssen. Menschen können sich wohl lieben, aber verstehen werden sie sich doch nicht. Wozu auch? Lieben ist doch genug. Das ist gewiss schön und mag so sein, aber, ich weiß nicht, wenn man nicht versteht, wird es leicht unheimlich, und du erinnerst dich, ich fürchtete mich von jeher im Dunkeln.«

»Warum er dich mit seiner Rätselhaftigkeit einängstigt, verstehe ich nicht«, fuhr Karl Erdmann auf.

»Nein, sag nichts gegen ihn«, sagte Oda und schloss wieder die Augen. Sie schwieg jetzt und lag regungslos da. Karl Erdmann saß noch eine Weile auf der Bank und schaute das stille Mädchen an. »Also sie fürchtet sich vor ihrer Liebe, wie Mädchen sich vor dem Dunkeln fürchten. Na wirklich, der Herr Legationsrat, unser Herr Graf, müsste sich wirklich eine andere Technik anlegen.« Dann erhob er sich und ging tiefer in den Garten hinein

Leo stand unter einem Birnbaum und warf mit Steinen nach Birnen. Heida saß auf dem Aste eines alten, schiefen Pflaumenbaumes, aß wachsgelbe Eierpflaumen und spie die Kerne weit von sich. Als sie Karl Erdmann erblickte, sprang sie herunter. »Gott sei Dank, dass du kommst«, sagte sie, »dann brauche ich nicht mehr diese Pflaumen zu essen, man denkt, sie sind gleich vorüber und man muss sie essen, aber es ist nicht immer leicht.«

»Ach ja«, meinte Karl Erdmann, »ich erinnere mich der Zeit, wo man solche Pflichten hatte.« Heida nahm

Karl Erdmanns Arm. »Wollen wir in den Schatten gehen«, schlug sie vor, »heute kann man ja mit dir sprechen, heute bist du nicht mehr der fremde Herr von gestern, heute bist du *reçu*.«

»So, so, sehr gütig«, sagte Karl Erdmann, »aber ganz eingeweiht bin ich doch noch nicht. Warum liegt nämlich Oda in der Hängematte und weint?«

»Das kann ich dir sagen«, berichtete Heida eifrig. »Weil sie eifersüchtig auf Daniela ist. Das ist auch natürlich. Zuweilen macht Ottomar Daniela so feurig den Hof, als ob es keine Oda gäbe. Noch vorgestern ging er mit Daniela bis elf Uhr abends den Gartenweg auf und ab, und Oda saß in ihrem Zimmer und hatte rotgeweinte Augen. Das ist auch etwas Angenehmes an dir, dass du, glaube ich, noch nicht in Daniela verliebt bist. Sonst alle, auch Leo. Er will, wenn sie reitet, Kletten unter den Sattel legen, damit, wenn das Pferd durchgeht, er sie retten kann. Solch ein Unsinn. Und dann Herr Dorn. Fräulein Undamm weint sich deshalb die Augen aus. Und Botho. Daniela ist gewiss reizend, aber ich wundere mich, dass alle in eine und dieselbe verliebt sind, das hat doch keinen Sinn.«

»Das ist ja recht interessant«, bemerkte Karl Erdmann, »nur wundert es mich, dass ein kleines Mädchen wie du den Kopf so voller Liebesgeschichten hat.« Heida zuckte die Achseln: »Was kann ich dafür, das liegt hier in der Luft. Das atmet man ein. Selbst Lina, wenn sie mich abends frisiert, fragt mich: ›Haben Fräuleinchen den neuen Gärtner gesehen?‹ Und dann sieht sie zur Decke hinauf und sagt: ›Der ist ein Mann!‹«

Dann plötzlich wurde ihr Gesicht ganz ernst, und sie schaute zu Karl Erdmann auf mit weit offenen, erschreckten Augen, die feucht glänzten: »Und ist es wahr, dass du ein – ein Duell haben wirst? Ach, du brauchst nicht so böse auszusehen, ich weiß, ich weiß, es ist ein Geheimnis, und niemand darf es wissen. Aber Leo hat gehört, wie du mit Botho sprachst.«

Karl Erdmann wurde blass vor Zorn. »Leo hat geträumt«, sagte er, »und es ist sehr unrecht von euch, solche Dinge zu erzählen, die ihr nicht versteht. Ihr könnt großes Unheil anrichten.«

Heida nickte bekümmert: »Natürlich, wir durften es nicht wissen, wir sagen es auch niemand. Aber gestern Abend im Bett habe ich darüber weinen müssen. Fräulein Undamm sagte, als sie es hörte –«

»Fräulein Undamm«, fuhr Karl Erdmann auf.

»Ja, ihr haben wir es gesagt«, meinte Heida. »Sie schweigt schon, aber sie sagte, als sie das hörte: ›Er sei so jung und hoffnungsreich.‹ Daran musste ich immer denken.«

»Das ist ja aber alles nicht wahr«, rief Karl Erdmann. »Nur du und Leo seid ungezogene Kinder, und ich verbitte mir das.« – »Das mag sein«, sagte Heida ruhig, »aber ergreifend ist es doch«, und jetzt rannen wirklich Tränen über die Wangen des Mädchens. Karl Erdmann wandte sich ab und ging. Er war sehr ärgerlich über das, was er gehört hatte, und ärgerlich darüber, dass dieses kleine Mädchen, das über ihn weinte, ihn mit einer Rührung erfüllte, die ihm die Kehle zusammenschnürte.

Gegen Abend, als die Jalousien aufgezogen und die Fenster geöffnet wurden, erwachte das Leben wieder, und Karl Erdmann empfand es deutlich, dass er jetzt wieder ganz zu diesem Leben gehörte, er fand sogar, dass er hier besonders beliebt war. Ein jeder hatte ihn nötig, wollte bei ihm sein und mit ihm sprechen. Er kannte die Scherze, über die gelacht wurde, und konnte mitlachen. Er verstand wieder so leicht und wurde wieder so leicht verstanden, wie er es hier gewohnt war. Aber ein Vorfall überraschte ihn doch. Es war nach dem Abendessen. Man saß wieder auf der Gartentreppe in der Sommernacht oder ging langsam die dunklen Gartenwege entlang. Karl Erdmann brauchte nicht mehr wie ein Herr, der zum Besuch da ist, neben seinem Vater zu sitzen und von alten Garnisonsgeschichten zu sprechen. Er stieg die Treppe hinab, um zu seinen Schwestern zu gehen, die er drüben bei den Lilien lachen hörte. Mitten auf dem Gartenwege stand Daniela. Der Graf Lynck kam auf sie zu, er blieb vor ihr stehen, und sich ein wenig vorbeugend, sagte er leise etwas zu ihr. Daniela lachte, wandte sich dann kurz ab und ging Karl Erdmann entgegen: »Kommen Sie, Karl Erdmann«, sagte sie und nahm seinen Arm, »gehen wir sehen, wie es über dem Walde wetterleuchtet.« Während sie zusammen den Weg hinabgingen, dachte Karl Erdmann darüber nach, was er sagen sollte. Es sollte nichts Gewöhnliches sein, jetzt musste ein Erlebnis beginnen, allein er war so erregt, dass ihm nichts einfiel. Unterdessen begann Daniela unbefangen zu plaudern: »Mit Ihnen ist es so gemütlich. Was man mit Ihnen unternimmt, ist ganz einfach und selbstverständlich, wir gehen sehen, wie es wetterleuchtet, das ist ganz einfach, nicht wahr? Sie wollen nicht, dass das ein Symbol sei oder irgendwie tief.« Karl Erdmann versuchte zu lachen, aber es klang gezwungen. »Also«, meinte er, »Sie halten mich für gemütlich, harmlos und sehr einfach.« Daniela schüttelte ein wenig seinen Arm. »Nein, nein«, sagte sie, »Sie sollen nicht auch kompliziert sein wollen, alle wollen jetzt kompliziert und geheimnisvoll sein, sie glauben, dann gefallen sie uns. Was heißt denn dies ›Interessantsein‹ anders, als ich leide an mir selber und bin bereit, dich an diesem Leiden teilnehmen zu lassen. Ach Gott, wenn die Männer doch wüssten, wie angenehm sie sind, wenn sie glücklich und verständlich sind.«

»Dazu gehört«, begann Karl Erdmann mit Anstrengung, denn jetzt glaubte er es gefunden zu haben, das Bedeutungsvolle, »dazu gehört, dass einer einen glücklich macht und versteht.«

Daniela antwortete nicht darauf, sie standen jetzt am Ende des Weges und schauten über die Wiese zum Walde hinüber, der drüben wie eine stille schwarze Mauer stand. Über ihm hing eine schwere, graublaue Wolke, in der sich beständig ein grelles Gold regte. So zu stehen in dem Duft der Abendnebel und neben sich diese Frau atmen zu hören, ergriff Karl Erdmann so stark, dass er sein eigenes Herz klopfen hörte. »Heute sprach ich mit Ihrer Mutter«, begann Daniela wieder, und er wunderte sich, dass ihre Stimme so ruhig in seine Erregung hineinklang, »ich sprach heute mit Ihrer Mutter von Ihrer künftigen Frau. Wir waren uns darüber einig, dass sie eines jener entzückenden, kleinen, rundlichen blonden Wesen sein muss. Ein rundes rosa Gesicht und einen sehr roten Mund.«

»Oh, ich kenne diese runden Apfelgesichter«, sagte Karl Erdmann bitter. »Zu denen gehört dann gewöhnlich ein Paar dummer fayenceblauer Augen.«

»Durchaus nicht«, widersprach Daniela, »sie wird hellbraune Augen haben. Die lassen sich so hübsch vom Licht durchleuchten. Und dumm, das wird sie nicht sein, sie wird sehr gescheit sein, sie wird sofort verstehen, dass es Sie schmerzt, wenn Sie nicht für kompliziert und geheimnisvoll gehalten werden, und obgleich sie Sie deshalb lieben wird, weil Sie frisch und klar sind, so wird sie doch tun, als müsse sie irgendein geheimnisvolles Leiden, eine geheimnisvolle Zerrissenheit an Ihnen heilen und trösten.«

»Was für ein lächerliches Paar das geben wird«, warf Karl Erdmann verächtlich hin.

»Nein, ein glückliches«, sagte Daniela, »gehen wir jetzt.« Während sie wieder dem Hause zuschritten, schwieg Karl Erdmann, aber es war, als schnürte etwas Böses, etwas, das Daniela erschrecken und erschüttern sollte, das er sagen wollte, ihm die Kehle zusammen. Er brachte es jedoch nur zu einem kleinlauten: »Daniela,

Sie sagen das alles, um mich zu kränken.« – »Kränkt Sie das, armer Karl Erdmann?«, erwiderte sie, und im Schein eines Wetterleuchtens sah er, wie das schmale weiße Gesicht zu ihm aufblickte und mitleidig lächelte. Dann sprachen sie nichts mehr und gingen in das Haus hinein.

Die Nacht war schwül, und Karl Erdmann konnte sich nicht entschließen, sich niederzulegen. Er stand am geöffneten Fenster seines Schlafzimmers und schaute in den Garten hinab, und in das tiefe Dunkel fuhr zuweilen das Wetterleuchten wie eine plötzliche Erregung. Karl Erdmann fühlte in sich eine quälende Lebensungeduld, ein zorniges Verlangen, als würde ihm versagt, worauf er doch ein Recht hatte, und allerhand seltsame waghalsige Pläne gingen ihm durch den Kopf. Diese Gewitternacht regte ihn auf wie eine Nacht am Spieltische. Unten auf den Gartenwegen irrte die einsame Gestalt Aristides Dorns umher. »Den lässt wieder die Liebe zu Daniela nicht schlafen«, dachte Karl Erdmann. Nun, der Gedanke, dort unten umherzuirren, war nicht schlecht, und dann mit jemandem zu sprechen, der jetzt gewiss auch nur an Daniela dachte, konnte wohltuend sein. So beschloss er auch hinunterzugehen.

Als er unten zwischen den Levkojenbeeten Aristides Dorn begegnete, schrak dieser ein wenig zusammen, dann lachte er leise und sagte: »Oh, der Herr Leutnant ist es, Sie können wohl auch nicht schlafen?«

»Ja, die Gewitternacht macht es«, erwiderte Karl Erdmann. – »Vielleicht ja«, erwiderte Dorn zögernd, »ich finde, man schläft hier überhaupt nicht gut.« – Karl Erdmann lachte. »Ich habe hier schon viele Jahre vortrefflich geschlafen.« Die beiden jungen Leute hatten begonnen langsam nebeneinander herzugehen. Aristides Dorn hielt den Kopf gesenkt; nur wenn ein Wetterleuchten den Garten erhellte, schaute er auf und strich sich die Locke aus der Stirn. Er begann wieder zu sprechen, leise und versonnen: »Natürlich, Sie sind hier in dieser Luft aufgewachsen, ich meine die ganze Lebensatmosphäre, aber wenn einer von außen kommt, aus einer ganz andern Atmosphäre, dann wirkt das seltsam stark auf ihn.«

»Gefällt Ihnen das Leben hier nicht?«, fragte Karl Erdmann leichthin. Der schwere, gedrückte Ton, in dem Dorn sprach, war ihm unbehaglich. »So etwas gefällt immer«, erwiderte Dorn, »es ist ja hier alles zusammengetragen, was gefallen muss, und nach Möglichkeit alles ausgeschaltet, was verletzen könnte. Das ist alles sehr schön, natürlich sollte es solch ein Leben nicht geben.«

»Erlauben Sie«, fuhr Karl Erdmann auf, »warum darf es das nicht geben? Es ist doch genug Hässliches auf der Welt, warum soll es nicht solche stille Reservoirs geben, in denen sich das Hübsche und Vornehme und Kultivierte ansammelt, so Musterwirtschaften des Lebens?« Aristides Dorn schwieg eine Weile, ehe er wieder begann: »Es ist sehr hübsch gesagt, ein Reservoir für das Schöne, Vornehme und Kultivierte. Im Mai, glaube ich, war es, dass der Geburtstag von Fräulein Oda gefeiert wurde. Für das Diner waren Birnen aus der Stadt geholt worden. Es waren die größten Birnen, die ich je gegessen habe, und auch wohl die süßesten und die saftigsten, wundervolle Birnen, aber genau genommen, sind solche wundervolle Birnen kranke Birnen. Es sollte vielleicht solche Birnen nicht geben.«

Der Herr erlaubt sich etwas, ging es Karl Erdmann durch den Sinn, deshalb nahm er seinen Ton etwas hochmütig, als er sagte: »Das Bild ist originell, aber ich finde, dass wir hier alle recht kräftig und gesund gediehen sind.«

»Gewiss!«, gab Dorn höflich zu, »hier gedeiht und blüht ja alles prächtig. Ich spreche ja natürlich nur von meinen eigenen persönlichen Erfahrungen. Da scheint es mir denn, dass hier das Lebensbild einigermaßen gefälscht wird. Das Leben ist doch eine gefährliche, drohende Sache, in die einiges Hübsche hineingestreut ist und sehr viel Hinwegdenken über alles Schlimme. Hier soll es nur weich und hübsch sein und ganz aus dem Hinwegdenken über das Schlimme bestehen. Ich habe gefunden, dass uns das ein wenig widerstandslos, ein wenig feige gegen uns selbst macht. Es ist natürlich lächerlich, wenn ich wieder auf die großen Birnen zurückkomme, aber wirklich, ich habe daran gedacht, dass ich einige Ähnlichkeit mit solch einer Birne bekomme, so weich und innerlich ganz süß. Wenn man nicht geboren ist, um in Seidenpapier gewickelt zu werden, so ist das gefährlich.« Dorn schwieg, sah in das Wetterleuchten und lächelte sein hochmütiges ironisches Lächeln. Das ärgerte Karl Erdmann, und er schnarrte im Leutnantstone: »Sehr unangenehm allerdings, eine Duchessebirne zu werden, und Sie sind recht streng mit uns hier, aber vielleicht sind es Ihre politischen Ansichten, die Zustände hier zu hassen.«

»Politische Ansichten? O nein«, erwiderte Dorn lebhafter als früher, und jetzt klang es, als mache es ihm

Vergnügen zu sprechen. »Wir, das heißt ich und meine Freunde, wollen keine politischen Überzeugungen haben, wir wollen Weltanschauungen haben. Es ist ja sehr gut, zu versuchen, den Besitz gleichmäßig zu verteilen, so dass jeder genug zu essen und zu leben hat, aber ist das auch erreicht, dann sind die Daseinsfragen, die uns quälen, damit um keinen Schritt ihrer Lösung näher gerückt. Hassen, sagen Sie, nun ja, vielleicht hasse ich das Leben hier, ich lehne es ab. Natürlich, das muss ich, das ist meine Art, mich zu verteidigen, so etwas wie eine Schutzimpfung. Denn sonst könnte es mir passieren, dass ich nicht mehr hinauskönnte. Solche Erfahrungen sind ja sehr interessant, aber manche gehen dabei zugrunde. Nun schließlich, irgendeine Erfahrung bringt uns immer um.« Er wartete einen Augenblick, ob Karl Erdmann etwas sagen würde, da dieser jedoch schwieg und nicht wusste, was er mit diesen Geständnissen machen sollte, so fuhr Aristides Dorn fort: »Ja, ich habe eigentümliche Züge an mir beobachtet, die neu sind. So war ich früher sehr schnell, ja hastig von Entschluss. Jetzt passiert es mir, dass ich etwas tun will und Abend für Abend umhergehe und mich nicht dazu entschließen kann. Und jetzt, dass ich Ihnen alles das sage, das hätte ich früher nicht getan, ich war immer sehr verschlossen gegen Fremde, und nun schwatze ich und schwatze ich.«

»Machen Sie sich nichts daraus, Herr Dorn«, sagte Erdmann gutmütig, »in solch einer elektrisch geladenen Nacht wird man mitteilsam, morgen bei Tage sieht das alles anders aus.«

Im Gespräch waren sie durch den ganzen Garten gegangen, aus den Düften der Rosen waren sie in den Duft der reifen Pflaumen gekommen und von da in den Gemüsegarten mit den scharfen Gerüchen der Sellerie- und der Zwiebelpflanzen. Dann gingen sie den Weg zurück und standen wieder vor dem Hause. Die lange Front war dunkel bis auf ein Fenster, aus dem ein Lichtschein durch die Vorhänge fiel. »In der Bibliothek ist noch Licht«, bemerkte Karl Erdmann. – »Ja«, erwiderte Dorn, »dort ist gewöhnlich noch Licht. Frau von Bardow pflegt dort noch zu lesen. Sie ist es gewohnt, spät zu Bette zu gehen.«

Schweigend standen die beiden jungen Leute eine Weile da und schauten den Lichtschein an. Plötzlich sagte Karl Erdmann: »Gute Nacht, Herr Dorn, es hat mich sehr interessiert. Sie bleiben wohl noch draußen.« – »Ich gehe hier noch ein wenig umher«, antwortete Dorn, »gute Nacht, Sie – Sie gehen wohl noch in die

Bibliothek?« – »Ja, vielleicht«, sagte Karl Erdmann leichthin. Er reichte Dorn die Hand und ging. »Das ist es, lieber Freund«, dachte er, »wozu du dich nicht entschließen kannst.«

Mit leichten hastigen Schritten eilte er durch die dunkle Zimmerflucht. Die Tür zur Bibliothek stand offen. Es wurde dort gesprochen, Ottomar Lyncks Stimme war es, die Worte konnte Karl Erdmann nicht verstehen, aber die Stimme erschien ihm ungewöhnlich wach und eindringlich. Jetzt sprach Daniela, langsam und eintönig, wie wir sprechen, wenn wir ein wenig schläfrig sind: »Wenn das nun alles so ist, so vergessen Sie eins, lieber Graf, dass Sie von Ihren Gefühlen sprechen, nicht von meinen Gefühlen.« Nun bemerkte sie Karl Erdmann, der in der Türe stand. »Karl Erdmann ist auch da«, sagte sie, »können Sie auch nicht schlafen?« Sie saß in einem der großen Sessel, hatte den Kopf zurückgebogen, und ihr Gesicht trug den Ausdruck von jemand, der sich etwas müde von einer Musik einschläfern lässt. Am Kamin stand der Graf Lynck, zwei rote Flecken brannten auf seinen Wangen, die ihn hübscher und jünger machten. Auch er lächelte Karl Erdmann entgegen und meinte: »In solchen Gewitternächten gespenstern wir alle umher.« – »Brillante Haltung!«, dachte Karl Erdmann, »denn er ist doch wütend, dass ich komme, und dann berichtete er, dass er noch unten im Garten spazieren gegangen sei, und da er hier oben Stimmen gehört habe, sei er gekommen, um auch dabei zu sein.« – »Ja«, sagte Daniela, »der Graf Lynck erzählte mir hier seltsame und interessante Dinge, nur fürchte ich, dass ich nicht recht imstande war, ihm zu folgen.«

»Es ist ja auch spät«, meinte der Graf höflich und schaute nach der Uhr. »So werde ich denn gute Nacht wünschen. Karl Erdmann gelingt es vielleicht, verständlicher zu sein.« Er verbeugte sich freundlich und unbefangen und ging. Karl Erdmann hatte sich auf einen Stuhl gesetzt, saß gerade da wie gespannt auf etwas, das da kommen sollte. Daniela lag noch immer regungslos in ihrem Sessel. Eine Weile schwiegen beide. Endlich begann Karl Erdmann: »Ottomar Lynck hat Ihnen ganz einfach eine Liebeserklärung gemacht, ich hab es seiner Stimme angehört.«

»Konnte man ihr das anhören?«, erwiderte Daniela noch immer in dem ruhigen, müden Tone. »Ach ja, es kam vielleicht auf so etwas hinaus, aber sehr auf Umwegen. Durch was für Gefühlslabyrinthe sind wir nicht geirrt. Eine Liebeserklärung? Natürlich. Diese Herren der großen Welt sind alle Pedanten, weil sich in ihrem

Leben so oft die gleichen Lebenslagen wiederholen. Man ist eben nicht erfinderisch in der großen Welt, deshalb tun sie in der gleichen Lebenslage immer das gleiche. Eine gewitterschwüle Sommernacht, es ist spät in der Nacht, eine Dame ist allein in einer Bibliothek, da nicht eine Liebeserklärung zu machen ist für diese Herren ebenso unmöglich, wie zum Frack eine schwarze Krawatte umzulegen.«

Karl Erdmann lachte nicht, er sah böse zu Daniela hinüber und sagte: »Ich hörte seiner Stimme aber auch an, dass er litt.« Daniela zog die Augenbrauen ein wenig empor: »Gott, wer leidet nicht zuweilen, und wenn ein Herr, der von einem Mädchen wie Oda geliebt wird, leidet, wer kann ihm da helfen?«

Das Gewitter war heraufgezogen, der Birnbaum vor den Fenstern begann plötzlich eifrig zu rauschen und streute seine Birnen auf den Rasenplatz. Der Donner ließ sich vernehmen, aber ganz fern, ein tiefes weiches Rollen. Karl Erdmann schwieg eine Weile, als warte er, bis der Donner ausgesprochen hatte, dann begann er wieder zu sprechen, und es klang eigensinnig und ungeduldig: »Es ist mir auch ganz gleichgültig, ob Ottomar Lynck leidet oder nicht. Ich bin gerade viel zu sehr damit beschäftigt, selbst zu leiden.«

»Sie?«, fragte Daniela und richtete sich in ihrem Stuhle auf, um Karl Erdmann anzusehen, »ach nein, das sollen Sie nicht.«

»Warum soll ich das nicht«, fuhr er böse fort, »wahrscheinlich, weil ich ein so guter, gemütlicher, einfacher Junge bin und weil ich so furchtbar glücklich bin und so neutral, wie Oda sagt, das ist doch die Rolle, die Sie mir zugedacht haben. Aber Sie wissen sehr gut, dass ich all das nicht bin. Warum lassen Sie es denn zu, dass Ottomar und Botho und der Hauslehrer in Sie verliebt sind, und wenn Sie den Arm um Leos Schulter legen, so macht es Ihnen Spaß, dass der Junge ganz rot wird und wie hypnotisiert ist. Aber ich, nein, ich soll der Harmlose sein, der Kameradschaftliche. Ich kann das nicht, ich kann das weniger als all die andern. Bei Ottomar Lynck ist die Liebe eine Gemütskomplikation und bei Botho ein Urlaubsflirt und bei dem Hauslehrer eine Krankheit, aber bei mir ist es Ernst. Sie halten mich ja für einen einfachen, harmlosen Menschen, nun, bei denen wird so was immer Ernst. Es hilft ja nichts, dass ich Ihnen das sage, aber ich will, dass Sie es wissen. Ich will nicht mehr den harmlosen Kameraden spielen, das ertrage ich nicht mehr.«

Daniela ließ ihn sprechen und schaute ihn dabei teilnehmend und ein wenig ratlos an, als ob sie einen Kranken anblickte und über das Mittel nachsänne, das ihm Linderung verschaffen könnte. Als er zu Ende gesprochen hatte, errötete sie, zog die Augenbrauen zusammen und schlug mit der Hand auf die Stuhllehne: »Nein, das will ich nicht, das habe ich nie gewollt und das ist auch nicht, Sie täuschen sich, Karl Erdmann, es kommt Ihnen heute vielleicht so vor, aber morgen wird das ganz anders sein. Was würde Ihre Mutter sagen, wenn sie das hörte, sie will Sie doch ruhig und glücklich sehen. Es käme mir vor, als ob ich irgendein Heiligtum Ihrer Mutter zerstörte, etwas ihren geliebten Rasenplätzen antun würde oder so was.«

Karl Erdmann lachte schmerzhaft: »Oder als ob Sie die Meißener Zuckerdose zerschlügen. Es tut mir leid, ich bin aber nicht mehr in der Lage, die Rolle einer friedlichen Lieblingssache zu spielen. Sie verstehen es wohl zu machen, dass die Männer Sie lieben, aber wenn Sie wollen, dass *einer* Sie nicht liebt, dann sind Sie machtlos.«

Daniela hatte sich erhoben und war zu Karl Erdmann hinübergegangen. Sie blieb vor ihm stehen und schaute ihm sorgenvoll in das bleiche erregte Gesicht: »Sie sehen schlecht aus«, sagte sie, »Sie müssen krank sein. Legen Sie sich jetzt zu Bette, morgen, wenn es nicht mehr so schwül ist, dann wird alles anders sein.« Sie redete ihm zu wie einem Kinde, streichelte seinen Rockärmel, legte die Hand auf seine Stirn: »Ja, Ihre Stirn ist heiß, warten Sie, ich habe Brom bei mir, ich hole Ihnen etwas, trinken Sie das, Sie werden sehen, es tut Ihnen gut.« Geschäftig eilte sie aus dem Zimmer. Karl Erdmann blieb sitzen, er fühlte sich kraftlos vor Rührung, vor Mitleid mit sich selber und schämte sich dessen. Dann sprang er plötzlich auf, er durfte hier nicht warten. Wenn er hier noch ihre Medizin nahm, dann war er unrettbar lächerlich, und hastig ging er auf sein Zimmer.

Herr von Wallbaum kam von seinen Feldern zurück, wo er dem Roggenmähen zugesehen hatte, sein Gesicht war rot und erhitzt unter dem weißen Leinwandhelm, der lange Backenbart glänzte wie Silber. Als ihm Karl Erdmann im Hofe begegnete, stieß er seinen Stock auf die Erde und schmunzelte: »Nun, mein Junge, was tust du, was treibst du? Du willst wohl Enten schießen. Na ja, du weißt, ich liebe es nicht, wenn man so früh auf den See geht, aber dies Jahr können wir mal eine Ausnahme machen, schieß meinetwegen deine Enten.«

Gewiss, Karl Erdmann wollte gern Enten schießen, er fragte sich jedoch, warum dieses Jahr diese Ausnahme. Er fand, dass er in letzter Zeit von kleinen Rücksichten umgeben war, die ihn verwirrten. Da war der Rauentaler, der beim Mittagessen öfters erschien als sonst, die große Bockzigarre, welche der Vater sonst nur nachmittags herumreichte und die Karl Erdmann auch jetzt zuweilen abends bekam. Unerträglich waren die beiden Kinder. Sie sahen ihn mit erstaunten, erschreckten Augen an und erwiesen ihm kleine, gerührte Aufmerksamkeiten. Fräulein Undamm, wenn sie ihm ihr »Gute Nacht, Herr Leutnant« sagte, nahm einen Ton an, als sei es ein Abschied fürs Leben. Das alles kam natürlich von dem albernen Gerede der Kinder, aber es war ihm unangenehm, die Atmosphäre um ihn wurde so weich, und er wurde, ohne es zu wollen, in eine feierliche Ausnahmestimmung hineingetrieben. Und zu all dem war doch gewiss kein Grund vorhanden. Nur seine Mutter war ganz unbefangen und Daniela, ja, trotz des Gespräches in der Bibliothek war Daniela ganz unbefangen, vielleicht noch schwesterlicher und kameradschaftlicher als sonst. Als sie abends mit Frau von Wallbaum zur Wiese ging, nahm sie seinen Arm und sagte: »Karl Erdmann, kommen Sie mit, Sie sind ja auch eine Art Freundin.« Das Gespräch in der Bibliothek hatte ihn nicht befriedigt, dennoch gab es ihm eine Art Ruhe. Jetzt wusste sie alles, und wenn sie tat, als sei nichts geschehen, so verstellte sie sich. Jeden Augenblick konnte er das Gespräch jener Nacht wieder aufnehmen; jede Andeutung, jeden Blick musste sie verstehen, und nun galt es nur, etwas zu tun, etwas zu sagen, das sie von dem furchtbaren Ernst seiner Liebe überzeugte. Was war das? Daran zu denken, das war die Grundbeschäftigung dieser Tage. Ein jeder hatte hier ja solch einen stetigen Gedanken, den er immer wieder hervorholte, der in der heißen Mittagstille anders aussah als abends unter dem Dunkel der Parkbäume oder als in den heißen, schlaflosen Nächten. Oda riet an ihrer Liebe herum, Aristides Dorn fühlte sich in seiner Verliebtheit weich und süß werden wie eine Birne, Leo hatte die Aufregungen seiner Knabenjahre, und Ottomar Lynck träumte von dem Labyrinth seiner Seele, in das sich alle schönen Frauen verirren sollten. Das gehörte zu diesen goldenen, schwülen Tagen.

Er ging auf die Landstraße hinaus, die gelb und heiß in der Mittagsonne dalag. Die Blätter des Huflattichs, die Disteln und Wegwarte standen am Rain graubestaubt, als kämen sie von der Reise. Karl Erdmann bog in den kleinen Pfad ein, der zwischen den Feldern hinführte, und ging die blanken gelben Wände des reifenden Korns entlang. Unter einer Eiche waren Schnitter versammelt, die ihre Mahlzeit einnahmen. Die Männer hatten sich auf den Erdboden hingestreckt und schnitten sich große Stücke vom schwarzen Brote ab, um sie langsam in den Mund zu schieben und träge zu kauen, während die Augen starr und ruhig über das Land hinschauten. Vor ihnen hockten ihre Frauen, die Hände um die Knie geschlungen, und sahen regungslos zu, wie ihre Männer aßen. »Die tun so«, dachte Karl Erdmann, »als würde dieser Tag ewig dauern.« Mitten in einem Kornfelde fast bis zur Brust in dem blonden Glanz der Halme standen ein Bursch und ein Mädchen, sie standen da und blickten sich mit blauen, ausdruckslosen Augen unverwandt an. Auch das machte Karl Erdmann ungeduldig. Warum standen sie da? Warum nahmen sie sich, warum fassten sie sich nicht? Gott, hatten alle diese Menschen Zeit! Das Land war um diese Mittagsstunde sehr still, überall der seidige Glanz der Felder, über dem fernen Walde lag blauer Duft, und zwischen den grünen Schilfinseln des Sees dort unten funkelte das Wasser hart und grell wie Metall. Nur die Feldgrillen waren allerort dabei, ihr endloses Lied abzuschnurren. »Man sitzt auf seinem Halme«, dachte Karl Erdmann, »und schnurrt sein Lied ab, das ist dann Leben.« Er hatte auch sein Lied abzuschnurren, seinen stetigen Gedanken zu denken. Wenn er nicht aß, nicht mit den andern plauderte, nicht Tennis spielte oder in den Stall zu den Pferden ging, dann dachte er an den Brief, den er sich entschlossen hatte an Daniela zu schreiben. Das sollte ein Brief werden, der mit einem Male die schöne, spielerische Sicherheit dieser grausamen kleinen Frau in Stücke riss und ein Menschenschicksal schwer und furchtbar in ihre Hände legte: So ungefähr lauteten die Sätze, bei denen er jetzt angelangt war: »Ihnen, Daniela, ist die Liebe der Männer, welche Sie umgeben, eine angenehme Gewohnheit, aber Sie vergessen, dass es auch eine Liebe gibt, die –«, ja, jetzt musste etwas kommen, das erschüttert, das erschreckt, fast verwundet. Drüben vom See erscholl plötzlich der Schrei eines Tauchers; laut, unendlich klagend wie der Aufschrei einer furchtbaren Not klang er in die Mittagsstille hinein. Es war, als machte dieser Schrei einen Riss in die schläfrige Ruhe, die über dem Lande brütete. Ja, so musste es sein, das, was er Daniela zu sagen hatte, so ein Schrei aus tiefster Not. Aber wo das finden? Hier in der Mittagsschwüle, in der alle so viel Zeit hatten, fiel ihm nichts ein, das so verzweifelt ungeduldig und böse klang wie der Schrei des Tauchers dort drüben.

Den Brief schrieb Karl Erdmann in der Nacht in seinem Schlafzimmer. Wenn er sich zum offenen Fenster hinausbeugte, konnte er den Lichtschein von dem Bibliothekfenster auf den Lilien vor dem Hause liegen sehen, und in der Dunkelheit hörte er Aristides Dorns rastlose Schritte auf den Kieswegen. Karl Erdmann hatte diesen Brief all diese Tage hindurch unaufhörlich überdacht und redigiert, allein jetzt wurde er doch ganz anders, ganz neu für ihn. Die leidenschaftlichen Worte, die er hinschrieb, überraschten ihn selbst, sie erschütterten ihn. Er hatte an der Kraft seiner Liebe nie gezweifelt, aber dass sie so gewaltsam und drohend sein konnte, das erfuhr er erst aus diesem Brief, den er schrieb. Da war eine Stelle, die ihm ganz Neues über sein eigenes Leben offenbarte. Sie sprach davon, wie öde und leer das Soldatenleben war, dem er von Jugend auf angehörte, und wie das einzig Reine, Schöne und Starke in ihm von Jugend auf die Liebe zu Daniela gewesen sei. »Dieses Reine, Schöne und Starke«, hieß es weiter, »können Sie mit Ihrem Spott und Ihrer spielerischen Verachtung totschlagen, aber dann liegt auch an mir nichts mehr.« Zuweilen musste er im Schreiben innehalten. Er lehnte sich in seinen Stuhl zurück, schloss die Augen und ließ die Musik der großen Worte in sich nachklingen, ließ sich von ihr das Blut erwärmen, und sie brachte ihm Daniela so nahe, als stünde sie dort hinter seinem Stuhle und beugte sich auf ihn nieder, besiegt und gebrochen von all seiner Leidenschaft.

Es war spät geworden, als er den Brief beendete. Aristides Dorns Schritte auf dem Kies waren nicht mehr hörbar, aber der Lichtschein aus dem Bibliotheksfenster lag noch immer auf den Lilien.

Karl Erdmann beschloss, leise in den Garten hinabzugehen und seinen Brief durch das geöffnete Fenster in das Bibliothekszimmer zu werfen. Da sollte er denn plötzlich und geheimnisvoll wie ein Schicksal vor Danielas Füßen liegen. Diese Unternehmung erregte in Karl Erdmann den angenehmen Kitzel, den er als Knabe bei gewagten Streichen empfunden hatte. Behutsam schlich er die Treppe hinab, näherte sich vorsichtig dem Fenster, stand dort einen Augenblick mitten unter den feuchten Lilien und horchte. Deutlich hörte er das leise Knistern der Blätter eines Buches, die umgeschlagen wurden. Nun warf er den Brief durch die halbgeöffneten Vorhänge geschickt ins Zimmer. Dann wartete er noch so erregt, dass er mit seinen heißen Händen in die kühlen Lilien hineingriff. Als sich drinnen nichts regte, schlich er davon. Oben in seinem Zimmer atmete er tief auf, als sei ihm eine gefahrvolle Aufgabe gelungen, sein Herz klopfte noch heftig, seine Hände waren voller Lilienblätter, und er lächelte stolz und zufrieden, als hätte er einen großen Sieg errungen.

Daniela saß, wie jeden Morgen, in der Bohnenlaube und schrieb einen Brief. Zuweilen hob sie den Kopf und blinzelte aus ihrem Schattenversteck in die gelbe Welt des Sonnenscheins hinaus, in der die Farben so grell und heiß auf den Blumenbeeten standen. Sie schaute zur Spiräahecke hinüber, wo schon geraume Zeit Karl Erdmann tief in Gedanken versunken auf und ab schritt. Wenn sie sich überzeugt hatte, dass er immer noch dort auf und ab ging und sich noch nicht anschickte, zur Bohnenlaube herüberzukommen, dann beugte sie sich wieder auf ihren Briefbogen nieder und schrieb ruhig und gleichmäßig weiter. Einmal jedoch, als sie aufblickte, fand sie, dass er schon auf halbem Wege zu ihr war. Sie beendete den angefangenen Satz ihres Briefes, legte die Feder nieder, lehnte sich in die Bohnenranken zurück und sah ihm nachdenklich entgegen. Karl Erdmann schien sehr ernst, verbeugte sich förmlich und fragte: »Störe ich?« Daniela schüttelte den Kopf. Da setzte er sich und schaute schweigend vor sich nieder. »Ach, geben Sie mir eine Zigarette«, sagte Daniela. Karl Erdmann reichte ihr die Zigarette und ein brennendes Zündholz. »Rauchen Sie nicht?«, fragte Daniela, »schade, es plaudert sich gemütlicher, wenn beide rauchen.« Karl Erdmann zuckte mit den Schultern und sagte ein wenig feierlich: »Ich bedauere, aber ich sagte es Ihnen schon, Gemütlichkeit ist nicht meine Spezialität.« Daniela hatte sich wieder zurückgelegt, der Genuss der ersten Züge ihrer Zigarette machte sie zerstreut; sie ließ den Rauch sich langsam zwischen den halbgeöffneten Lippen hervorkräuseln und schauerte wohlig in sich zusammen, als fühlte sie all die grünlichen Schatten, welche über sie hinrannen, wie ein angenehmes, kühles Bad. Dann dachte sie wieder an Karl Erdmann. »Sie haben mir einen Brief geschrieben«, sagte sie, »davon wollen wir jetzt sprechen. Natürlich sollten Sie lieber nicht solche Briefe schreiben. Das Zusammenleben ist doch ohne solche Briefe viel einfacher und angenehmer.« Karl Erdmann antwortete nicht, er zuckte wieder die Achseln und lächelte, ein mattes, ironisches Lächeln. »Da nun aber Ihr Brief einmal geschrieben ist«, fuhr Daniela fort, »so muss ich sagen, dass er mich beruhigt hat. Vorige Nacht in der Bibliothek haben Sie mich ein wenig erschreckt, aber dieser Brief beruhigt mich. Er ist so hübsch lang und so hübsch in jeder Hinsicht. Sie pflegen Ihren Stil, da sind schöne Gedanken und schöne Worte drin, es muss Ihnen Vergnügen gemacht haben, ihn zu schreiben, und es muss Sie beruhigt haben, nicht wahr?« Da Daniela innehielt und eine Antwort zu erwarten schien, schaute Karl Erdmann auf, er war sehr bleich geworden, und es klang feindselig, als er sagte: »Oh, bitte, sprechen Sie nur, ich höre.«

Daniela schwieg eine Weile, rauchte und sann. Einen Augenblick nur ruhten ihre Augen auf Karl Erdmann mit dem scharfen forschenden Blick, der zuweilen in Frauenaugen kommt und goldene Funken in ihnen erweckt wie in den Augen eines sichernden Wildes. »Ach ja«, begann sie dann, »Sie können den Rat einer älteren und erfahrenen Frau wohl anhören, er kann Ihnen für Ihr späteres Leben nutzen, für eine Gelegenheit, in der für Sie wirklich etwas auf dem Spiele steht.«

»Bitte«, sagte Karl Erdmann und bemühte sich, das kalt und höhnisch zu sagen.

»Also«, fuhr Daniela fort, »solche Briefe dürfen Sie nicht schreiben, wenn es einmal Ernst wird. Wenn Sie ihn schreiben, fühlen Sie vielleicht stark und wird Ihnen warm ums Herz, aber glauben Sie mir, solch ein hübscher Brief macht keinen Eindruck. Wir lesen darüber hinweg wie über eine Romanseite. Ich weiß nicht, Männer, die in einem Brief einen so schönen Stil schreiben, kommen mir immer verheiratet vor, und dann, nur Nähterinnen und Konfektionsfräulein lieben lange, hübsche Liebesbriefe, über die sie dann weinen.«

»Sehr interessant«, warf Karl Erdmann ein, seine Stimme war heiser und zitterte ein wenig, »wie muss denn so ein Brief sein?«

»Kurz muss er sein«, erwiderte Daniela. »Wenn ein Mann einer Frau sagt, dass er sie liebt, so ist das doch bald gesagt, darüber lässt sich doch nicht viel herumreden, alles andere ist für die beiden doch uninteressant, und für jeden andern als die beiden muss wieder dieser Brief uninteressant sein. Liebe ist doch nur für die beiden, die es angeht, nicht trivial. Ich kann mir denken, dass ein Telegramm zur rechten Zeit abgeschickt und in dem nichts weiter steht als: ›Ich liebe Dich‹, die stärkste Wirkung tut. Da haben wir also Ihren Brief.« Daniela entnahm ihrer Mappe Karl Erdmanns Brief, entfaltete ihn und beugte sich darüber. Karl Erdmann bemerkte, dass einige Worte und Sätze des Briefes mit Rotstift angestrichen waren. »Sie hat also den Brief korrigiert«, dachte er, »und die Fehler angestrichen.« Daniela las halblaut einige Sätze des Briefes: »Also hier, den Ernst eines Menschenschicksals in Ihre kleinen Hände legen usw., das ist so hübsche Literatur, dass, wer das geschrieben hat, schon ganz befriedigt ist, er ist verliebt in seinen Stil, und die Geliebte ist ihm treu. Und dann hier dies von Ihrer Liebe, die das einzige Wertvolle in Ihnen ist. Was soll denn die Frau an Ihnen lieben? Nein, wenn Sie einer Frau Ihre Liebe erklären, müssen Sie immer tun, als machten Sie ihr ein längst erwartetes großes Geschenk. So, nun habe ich Ihnen einen Vortrag gehalten, hier ist Ihr Brief.« Sie steckte den Brief in den Umschlag und legte ihn vor Karl Erdmann hin. Sie lächelte ihm dabei freundlich zu und schaute ihn an, als sei er ein Kind, das sie gescholten und dem sie nun verziehen hatte: »Ich sehe dort Herrn Dorn mit seinen Büchern aus dem Hause kommen«, fügte sie hinzu, »ich nehme nämlich jetzt griechische Stunden bei Herrn Dorn.«

»Dann muss ich wohl gehen«, bemerkte Karl Erdmann. Er erhob sich, nahm den Brief, der auf dem Tisch lag und begann ihn langsam zu zerreißen. Er schien dabei angestrengt nachzudenken. Plötzlich erhellte ein heiteres, wirklich ausgelassenes Lächeln sein Gesicht.

»Sehen Sie, Daniela«, sagte er, »was Sie da tun, beruhigt mich wieder. Sie geben sich kolossal Mühe für mich. Wenn Ottomar Lynck Ihnen eine Liebeserklärung macht, dann hören Sie zu, als ob er Ihnen Klarinette vorspielte. Bei Herrn Aristides Dorn nehmen Sie griechische Stunden. Für mich aber verstellen Sie sich. Sie versuchen anders zu sein, als Sie wirklich sind, Sie spielen Rollen, die Ihnen gar nicht gut stehen, die Rolle der Schwester und der erfahrenen Frau und der Gouvernante der Liebe, und das ist mehr, als Sie für die andern tun, und das beruhigt mich ein wenig.«

Daniela hatte erstaunt aufgeblickt, und dann schauten ihre Augen vor sich hin, ohne zu sehen, wie es Frauen tun, die in sich hineinhorchen, weil ein starkes Gefühl in ihnen erwacht ist. »Ich mache also Herrn Aristides Dorn Platz«, schloss Karl Erdmann, »Herrn Aristides Dorn, auf den ich natürlich nicht eifersüchtig bin, denn er ist nur, wie Ottomar Lynck sagt, eine Windmühle, die sich drehen muss.« Damit verbeugte er sich, grüßte und ging. Er spürte es an seinen Beinen, dass sein Gang nicht natürlich war, aber das kam daher, dass sein Abgang ihn so außerordentlich befriedigte.

Frühmorgens brach man zur Entenjagd auf. Auf der großen Bankdroschke sollte zum See gefahren werden, und die ganze Familie nahm an der Jagd teil. Nur Frau von Wallbaum blieb zu Hause. Sie stand bei der Abfahrt auf der Treppe in ihrem hellen Morgenkleide, das Gesicht ganz rosa von der Teilnahme an der Jagderregung der andern. »Unterhaltet euch gut, vertragt euch gut«, rief sie hinab. Sie hob dabei die Hände und winkte wie eine kleine Priesterin der Heiterkeit, die ihre Gläubigen segnet.

Der Morgen war hell, und der Tag versprach heiß zu werden. Jetzt sandten noch die tauigen Felder eine leichte, starkduftende Kühle herüber, die sich köstlich atmete und das Blut erregte. Überall auf dem Lande, an dem sie vorüberfuhren, fing das Licht sich in Tropfen und feuchten Spinnweben. Auf dem Felde waren die Schnitter bei der Arbeit, weiße Gestalten, die in lauter Glanz zu waten schienen. Wenn der Wagen an ihnen vorüberfuhr, hielten die Männer in ihrer Arbeit inne, schauten blinzelnd auf, zogen die Mützen und lachten über das ganze Gesicht.

»Wie gutmütig dieses Volk ist«, sagte Aristides Dorn, »Sie müssen arbeiten, und wir fahren müßig in den Morgen hinein, und doch lachen sie und zeigen keine

Spur von Neid.« Dorn fühlte sich heute angeregt und sicher, daher wollte er mit einer hübschen Bemerkung die Unterhaltung beleben, da gerade keiner sprach. Der Graf Lynck zog die Augenbrauen ein wenig empor und meinte: »Gott, Neid! Man kann doch nicht vom Morgen bis zum Abend beneiden, und an einem Sommermorgen bei gutem Wetter denkt man nicht an die soziale Frage. Das kommt abends, wenn der Rücken schmerzt.«

»Die Leute lachen, weil das hübsch ist, was an ihnen vorüberfährt, das ist doch natürlich«, bemerkte Oda, und es klang ein wenig gereizt. Dorn lächelte hochmütig und griff nach seiner Stirnlocke. Er empfand jedoch, dass seine Bemerkung der Gesellschaft nicht sympathisch war. Er schaute zu Daniela hinüber, diese schien nichts gehört zu haben, sie blickte vor sich hin mit glitzernden Augen, die Lippen halb geöffnet, ganz versunken in ein starkes körperliches Genießen.

»Überhaupt Neid«, nahm Herr von Wallbaum jetzt das Wort, der heute ganz wohlwollendes und gutgelauntes Familienoberhaupt war, »was fehlt denn den Kerls mit solchen Gliedern? Um die könnte ich sie jetzt beneiden. Na ja, früher, meine Generation, die war nicht so feingliedrig wie ihr Heutigen. Damals eine Entenjagd war doch eine andere Sache. Man band sich Bastschuhe an die Füße, ging am Seeufer entlang und sank jeden Augenblick bis zur Brust in den Sumpf ein. Da war noch was von Gefahr, ein bisschen Wildheit dabei, so was von Urinstinkten. Heute gehen Damen und Kinder auf die Jagd.« Herr von Wallbaum lachte und beugte sich vor, um seinen langen Backenbart im Winde flattern zu lassen, was ihm besonders wohlzutun schien.

»Wildheit und Urinstinkte«, meinte Graf Lynck, »müssen etwas Berauschendes haben, denn diejenigen, die sie verspürt zu haben meinen, sprechen davon, wie man von einem ganz hohen Bordeaux spricht.«

»Ich liebe wilde Männer«, erklang Heidas Stimme, und als sie das laute Lachen der andern hörte, wurde sie dunkelrot. Leo aber meinte: »Für Legationssekretäre also bei Heida keine Aussicht.« – »Still!«, befahl Herr von Wallbaum, »bei Kindern wünsche ich weniger Urinstinkt und mehr Haltung.«

»Freuen Sie sich?«, fragte Karl Erdmann Daniela leise.

»Ja«, antwortete sie ebenso leise, ohne ihn anzusehen, als wollte sie sich im Genuss von Licht und Luft nicht stören lassen. »Ich freue mich sehr auf diesen Tag.

Und Sie, freuen Sie sich? Oder sind Sie heute auch düster und geheimnisvoll?«

»Nein, nein«, sagte Karl Erdmann, »ich freue mich kolossal.« Das leise Zwiegespräch machte ihn glücklich, es schien ihm, als verbände es ihn mit Daniela und rückte sie beide zusammen, von den andern ab. – »Still!«, kommandierte Herr von Wallbaum jetzt, »sonst fliegen die Enten aus.« In der Nähe des Sees hielt der Wagen, die Gesellschaft stieg aus und ging schweigend zum Seeufer, wo die Kähne bereitlagen. Herr von Wallbaum hielt streng darauf, dass das Besteigen der Kähne ganz geräuschlos vor sich gehe. Daniela fuhr mit Karl Erdmann und Leo, sie war die einzige Dame, die schießen wollte. Ein Waldhüter stieß mit einer langen Stange den Kahn vorsichtig in das Schilf hinein.

Der See glich einem großen Felde voll hellgrüner Halme, das hie und da von breiten Wasserstraßen durchkreuzt wurde. Kein Luftzug regte sich, unbeweglich stand das Schilf da, und das Zittern des Lichtes auf dem Wasser und auf den feuchten Spitzen der Schachtelhalme schien die einzige Bewegung. Große Stille lag über der Fläche, nur zuweilen erklang schläfrig und klagend der Ruf eines Blässhuhns, oder ein Fisch schnalzte, oder es raschelte leise wie von Wesen, die heimlich durch das Schilf schritten. »Köstlich!«, flüsterte Daniela, »ist das nicht wie ein großes, vornehmes Haus, in dem die Herrschaft noch schläft und in dem nur die Dienstboten schon leise bei der Arbeit sind.« – »Und wir sind die Einbrecher«, ergänzte Leo. »Ach ja«, meinte Daniela, »wer weiß, ob Einbrecher, wenn sie in ein Haus schleichen, auch so angenehmes Herzklopfen haben wie ich jetzt.« – »Ganz gewiss«, versicherte Leo. Dann plötzlich rauschte und klatschte es von allen Seiten, und schwerfällig stiegen die Enten auf. Daniela war aufgesprungen, sie stützte das eine Knie auf das Sitzbrett des Bootes und schoss. Karl Erdmann vergaß zu schießen, weil es ihn so interessierte, Daniela anzusehen, wie die schlanke Gestalt im grauen Leinwandkleide, einen Knabenhut aus weißem Stroh auf dem Kopfe, die Wangen heiß, sich in der Erregung aufrichtete und straffte. Und wenn sie geschossen hatte und der große Vogel dort in der Luft schlaff wurde wie ein abgespannter Bogen und schwer in das Wasser fiel, dann ließ sie das Gewehr ein wenig sinken, und es zuckte um ihre Lippen ein seltsames, fast leidenschaftliches Lächeln. Dann aber regte sie sich sofort auf, sie fürchtete, die Ente könnte verlorengehen, sie rief dem Waldhüter zu, hinzusteuern, beugte sich weit aus dem Kahn, fasste die Ente an den Ständern und hob sie triumphierend empor. Allmählich wurde auch Karl Erdmann von der Jagdleidenschaft erfasst, wurde ganz Auge und Ohr, und alles um ihn her, das Schilf und die Blätter wurden zur Partei, wurden zu Dingen, die entweder auf Seite der Jäger oder auf Seite der Enten waren. Lange und hitzig war die Verfolgung eines alten mausernden Erpels, der ihnen immer wieder entwischte und immer wieder neue Listen erfand, um sich zu verstecken und zu entkommen. Daniela war so erregt, dass sie zitterte und kleine schrille Schreie ausstieß. Endlich hatten sie ihn, Daniela fasste ihn, warf ihn in das Boot und lachte. Und da überkam Karl Erdmann plötzlich ein wunderliches und unerwartetes Gefühl. Er sah auf den Haufen toter Vögel nieder, die im Boote lagen, auf die schlaff wie müde gebogenen Hälse, auf das geronnene Blut, er sah, wie der eben geschossene Vogel noch matt und hilflos die Ständer bewegte und ein Zucken wie eine plötzliche Angst seinen Körper schüttelte, wie er sich streckte und dann schlaff und regungslos liegen blieb. Das empfand Karl Erdmann als furchtbar traurig, ja es wurde ihm so unerträglich, dass es ihm die Kehle zusammenschnürte, und er merkte, dass er sein Gesicht verzog. Schnell blickte er auf, besorgt, jemand könne es gesehen haben.

Daniela saß auf ihrem Sitzbrett und schaute ihn so angstvoll an, dass es ihm schien, als ahmte sie unwillkürlich den Ausdruck seines Gesichtes nach. »Sie weiß alles«, dachte Karl Erdmann sofort. Er errötete und wandte sein Gesicht ab, er schämte sich wie nach einer schlechten Tat. Da hörte er Daniela mit einer Stimme, die sehr heiter und unbefangen zu klingen sich bemühte, ausrufen: »Sehen Sie, wie da etwas durch die Schachtelhalme fortschießt, ein Hecht wohl. Möchten Sie auch so dahinschießen können? Das muss doch gut sein.«

»Für einen Krieger wohl kein passender Wunsch«, bemerkte Leo. Darüber begannen sie nun alle drei zu lachen, sie lachten sehr laut und sehr lange, als könnte das Lachen sie vor etwas schützen, das für einen Augenblick unheimlich und hinterrücks sie überfallen hatte.

Die Sonne stand schon hoch am Himmel, und zwischen dem Schilf und dem Kolbenrohr wurde es schwül. Enten wollten auch nicht mehr steigen. Wie eine große Schläfrigkeit legte sich über den See, regungslos standen die Fische im Wasser, und die Frösche saßen schweigend auf den Blättern der Wasserrosen und schienen zu schlafen. »Fühlen Sie, wie die Mittagsstunde einem in die Glieder fährt?«, fragte Karl Erdmann. Ja, Daniela fühlte es und war müde. Alle drei setzten sich auf die Sitzbretter des Kahns und legten die Gewehre beiseite. »Fahr ans Land zum Frühstück«, befahl Karl Erdmann dem Waldhüter. – »Wir haben gute Arbeit getan«, meinte Daniela. – »Ja«, sagte Karl Erdmann, »zusammen eine Arbeit tun und dann zusammen müde sein, das ist sehr gemütlich, das verstehen die Wenigsten.« –

»Wie muss man das machen?«, fragte Daniela.

»So«, Karl Erdmann legte beide Hände mit gespreizten Fingern auf seine Knie, »und dann starrt man einander an mit ganz leeren friedlichen Augen. Das habe ich bei den Bauern gesehen, wenn sie sich um Mittagzeit unter die Eiche setzen und nach dem Essen noch ein wenig warten, ehe sie sich ausstrecken, um zu schlafen.«

Gehorsam legte Daniela ihre Hände auf die Knie und sah vor sich hin. »Wirklich«, meinte sie, »es ist sehr angenehm.« So saßen sie nun alle drei da und schwiegen. Endlich schloss Daniela die Augen. »Seltsam«, rief sie, »wenn Sie die Augen schließen, hören Sie einen einzigen Ton, einen Ton, als ob jemand schläft und leise zu schnarchen beginnt.« – »Ich behalte die Augen lieber offen«, sagte Karl Erdmann, »wenn ich die Augen schließe, dann bin ich allein, und wir wollen doch zusammen müde sein.« Daniela schlug die Augen auf: »Gewiss«, versetzte sie schnell, »wir wollen beisammen sein.« Ihre Stimme klang bei diesen Worten freundlich und mitleidig, als spräche sie zu einem Kranken. Dass ihn das plötzlich rührte, fand Karl Erdmann albern genug.

Sie näherten sich jetzt einer schmalen mit Erlen bestandenen Landzunge, dort sollte das Frühstück eingenommen werden. Die andern waren schon da, die Herren hatten sich um ein weißes Tischtuch auf den Rasen hingestreckt, Heida und Oda packten die Vorräte aus.

»Kommen Sie«, sagte Daniela, als sie ans Land stiegen, und legte einen Arm in Leos, den andern in Karl Erdmanns Arm. »Jetzt wollen wir essen wie Ihre Bauern, ganz still, lange kauen und dabei zum Horizont hinabsehen und vor allem uns um die andern gar nicht kümmern.« Auf dem Frühstücksplatz setzten sie sich ein wenig abseits von den andern. – »Ist das eine Demonstration?«, fragte Botho. – »Wir sind eine Gruppe für uns«, erwiderte Daniela, »und ich werde meine Herren bedienen.« – »Bitte!«, meinte Heida ein wenig gereizt, »Wir sind hier auch exklusiv.« – »Gruppe, Gruppe!«, begann Herr von Wallbaum und lächelte. Er wollte etwas Hübsches sagen, denn er fühlte sich jugendlich und galant. »Eigen, dass Damen, schöne Damen, immer Parteibildungen begünstigen. Das kommt wohl daher, dass Damen, schöne Damen, geborene Parteihäupter sind.« Er sah die andern an, um Beifall für seine Bemerkung zu ernten, allein nur Aristides Dorn lächelte ironisch. »Die Sache ist die«, erklärte Leo, »wir sind zusammen müde, das ist Karl Erdmanns neueste Erfindung, das soll ein großer Genuss sein.«

Graf Lynck klemmte ein Glas in sein linkes Auge und schaute zu Daniela hinüber: »Ah«, meinte er, »das scheint allerdings eine gute Erfindung zu sein, ziemlich raffiniert, zu der kann man Karl Erdmann Glück wünschen.« Oda lehnte ihren blonden Kopf an die Schulter ihres Bräutigams und sagte klagend: »Ach Lieber, das haben wir doch schon längst erfunden.«

Die Gesellschaft wurde jetzt einsilbig, jeder aß und trank schweigend, Botho schien verstimmt, die anderen Herren waren nachdenklich, Graf Lynck gähnte diskret, und um sie her standen die sonnenwarmen Erlenbüsche voll mittäglichen Gesummes, als wollten sie die Gesellschaft in Schlaf singen.

Endlich hielt es Aristides Dorn nicht länger aus, so still von Daniela unbemerkt dazusitzen, er eröffnete daher wieder die Unterhaltung, er sprach scharf und ein wenig zu laut, weil es ihn aufregte, so in die Stille hineinzusprechen: »Müde, ich gebe zu, dass wir müde sind, wir haben uns aufgeregt, ich gebe zu, ich habe mich aufgeregt, als gälte es etwas ganz Großes, und warum das alles? Einiger Enten wegen, eines Bratens wegen. Ist das nicht seltsam? Ist das ein Resultat?« Er schaute gespannt zu Daniela hinüber, errötete und drehte seine schwarze Stirnlocke. Aber Botho ärgerte diese Rede. »Was wollen Sie denn für Resultate haben?«, sagte er. »Ein Vergnügen hat eben kein Resultat, das man einkassieren kann. Ist es vorüber, dann muss es vorüber sein, wie ein gutes Parfüm, das auch verfliegt und nichts zurücklässt.« – Graf Lynck hatte sich flach auf den Rasen gelegt, rauchte eine Zigarette und schaute zum Himmel hinauf: »Ich kannte in England einen alten Lord«, begann er langsam und knarrend zu erzählen, »der hatte irgendein böses Magenleiden. Er litt an starkem Hunger, aber wenn er sich zu Tische gesetzt hatte und zu essen beginnen wollte, bekam er einen solchen Widerwillen vor den Speisen, dass er die Tafel verlassen musste. Nun, dieser alte Herr pflegte zu sagen, ihr braucht mich nicht zu bedauern; wenn ich mich zu Tische setze, so freue ich mich so stark auf das

Essen, dass ich mehr Vergnügen daran habe als ihr an eurem ganzen Diner.« Niemand fand darauf etwas zu sagen, und die Unterhaltung verstummte wieder, nur Heida flüsterte Fräulein Undamm zu: »So geht es immer. Daniela sucht sich ein oder zwei Herren als Privatbesitz aus, das kann sie ja tun, nur dass alle andern Herren dann verstimmt und langweilig werden.«

Endlich gab Herr von Wallbaum das Zeichen zum Aufbruch, und man bestieg wieder die Kähne. Allein die heißen Nachmittagstunden dämpften die Jagdlust. Daniela und Karl Erdmann spannten bald ihre Gewehre ab, setzten sich und sahen zu, wie Leo schoss. Dabei unterhielten sie sich in abgebrochenen Sätzen, sprachen von friedlichen Dingen, von den Sonntagmittagessen im Kadettenhause, von früheren Jagden und früheren Sommern, und dann, als wären sie auch noch dazu zu träge, verstummte das Gespräch. Daniela versank in Sinnen, ließ ihre Hände über den Rand des Bootes hinabhängen und zog, um sie zu kühlen, die Schachtelhalme durch die Finger. »Jetzt könnte es langweilig, fast traurig werden«, dachte Karl Erdmann. Es gibt Stunden, wie es Menschen gibt, die mit säuerlicher Nüchternheit uns die Freuden und Hoffnungen des Lebens ausreden. Karl Erdmann hatte plötzlich das Bedürfnis, sich über etwas zu ärgern, daher sagte er: »Der Ottomar Lynck hat immer so dumme Geschichten. Was ist das nun wieder mit dem alten Mann, dessen größte Freude es ist, sich zu Tisch zu setzen und mit leerem Magen aufzustehen. Phantasien eines verdorbenen Magens; Ottomar Lynck ist, glaube ich, auch so einer, der sich immerfort zu Tisch setzen möchte und dem die Suppe schon die Illusion verdirbt.«

Daniela zuckte leicht mit den Schultern und schaute zerstreut dem lautlosen Fluge der Libellen über den Wasserrosen zu. »Nun ja«, meinte sie, »aber wir sitzen alle immer zu lange bei Tisch. So diese Jagd, nicht wahr? Das Wahre ist, sich lange auf ein Glück freuen, und dann kommt das Glück ganz stark und schnell, und dann ist es wieder fort, dann ist es aus, und um uns ist es still und dunkel. Möchten Sie das nicht auch?«

»Ja«, sagte Karl Erdmann leise. Er errötete dabei und fühlte es deutlich, dass Daniela von ihm sprach. Eine starke Freude fuhr ihm heiß in die Glieder, und plötzlich sah er sich wieder in seiner eigenen, schönen und traurigen Geschichte, empfand die Erregung alles dessen, was er noch erleben musste. –

Die Jagd war zu Ende, und alle waren zufrieden damit. Jetzt kam das angenehme Nachhausefahren mit dem kühler werdenden Abend, die Sonne stand schon tief und lag rotgolden über den Grannen der Gerstenfelder, und die Hüterjungen sangen aus Leibeskräften auf den Weiden. Dann kam das Mittagessen mit dem großen Appetit und das Beieinandersitzen auf der Veranda. Alle waren müde, streckten die heißen Glieder von sich, starrten mit den Augen, die zu viel grelles Licht hatten trinken müssen, in die kühle Finsternis des Gartens hinein. Zum Sprechen hatte keiner Lust, nur Frau von Wallbaum sprach mit ihrer gleichmäßigen, freundlichen Stimme, als wollte sie die andern einschläfern. Sie erzählte ihren Tag, sie hatte ihr Tagebuch geschrieben und Jagd auf Löwenzahn gemacht, endlich war sie hinausgegangen, um ihre Kühe auf der Weide zu sehen. Auf dem Wege jedoch hatte sie, zwischen den Feldern eingeschlossen, ein kleines, ungemähtes Stückchen Wiese bemerkt, das heiß von Sonnenschein und voller Schafgarbenduft und kleiner blauer Schmetterlinge war. Das hatte ihr gefallen, sie hatte sich dort niedergesetzt, um den Thomas a Kempis zu lesen bis zum zweiten Frühstück. Später war sie durch das Haus gegangen, durch die stillen leeren Zimmer, und hatte sich gefreut, dass sie über die Stille und Leere nicht betrübt zu sein brauchte, denn gleich würden alle wieder da sein und würden wieder gemütlich und glücklich beieinandersitzen. »Ach ja«, dachte Karl Erdmann, »glücklich und gemütlich beieinandersitzen!« Eine Ewigkeit hätte er so dasitzen können, die müden Glieder von sich strecken, die laue Luft einatmen, die ganz süß von den Düften des Gartens war, die schlaff machte, dass er glaubte, er werde nie mehr etwas wollen können, und dennoch das Blut seltsam erhitzte und aufpeitschte. »Ein schnelles, starkes Glück, das uns überrumpelt«, hatte Daniela gesagt, »und dann Stille und Dunkelheit.« So musste diese Stille sein und diese Dunkelheit, in der er fühlte, dass Daniela nicht fern von ihm saß.

Am nächsten Tage kam ein Brief des Barons von Asch, Sekundanten des Referendars von Treschke an den Grafen Lynck, der wiederum Karl Erdmanns Sekundant sein sollte. Der Baron schlug den Herren eine Zusammenkunft für den nachnächsten Tag im Staatswalde beim Lehtschen Kruge in früher Morgenstunde vor. Hatten die Herren etwas gegen diesen Vorschlag einzuwenden und wollten einen andern Vorschlag machen, so war der Referendar von Treschke zu allem bereit und erkannte dankbar das ihm in dieser Affäre bisher erwiesene Entgegenkommen an usw.

In Herrn von Wallbaums Zimmer versammelten sich die Herren zu einer Beratung. Die Sache wurde gründlich und sachlich durchgesprochen. Man beschloss den Vorschlag anzunehmen. Am nächsten Tage schon sollten Karl Erdmann, Graf Lynck und Botho in den Staatswald fahren und beim Sturre Waldhüter übernachten, um am bestimmten Tage zeitig auf dem Platze zu sein. Unterwegs wollten sie beim Doktorat anfahren und den Doktor Ulich mitnehmen. Der Familie gegenüber aber konnte die Fahrt als Jagdpartie hingestellt werden, Jagd auf Birkhühner. So war alles wohlgeordnet, und die Beratung nahm jetzt einen mehr heiteren Charakter an, als die Herren ihre Duellerfahrungen zu erzählen begannen. Herr von Wallbaum blieb zwar ernst, allein über diese Ehrenaffäre hin und her zu reden gewährte ihm doch einige Befriedigung. Er saß soldatisch stramm in seinem Sessel, strich sich energisch den Backenbart, sprach von Duellen mit sehr scharfen Bedingungen, die er früher mitgemacht, und gab Ratschläge. »Vor allem schnell schießen, der Erste sein, das ist die Hauptsache«, und er hob die Hand empor, kniff das eine Auge zu, zielte und tat, als drücke er ab. Damit wurde die Sitzung geschlossen, und Karl Erdmann war froh, dass alles so hübsch und praktisch eingerichtet war, und in bester Laune beschloss er, den Rest des Tages recht angenehm zu verbringen.

Draußen ging ein plötzlicher, heftiger Regen nieder, in den zuweilen die Sonne hineinschien wie durch ein gläsernes Gitter. Durch die geöffneten Fenster sandte er sein Rauschen und seine Kühle in die Zimmer und regte die Menschen auf, als vollzöge sich da draußen ein lustiges Ereignis. Frau von Wallbaum, Oda, Heida standen jede an einem Fenster, schauten hinaus und lächelten. Daniela hatte sich ans Klavier gesetzt und spielte einen Walzer, während Leo Fräulein Undamm zwang, mit ihm zu tanzen. Als die Herren von ihrer Beratung in das Wohnzimmer kamen, verkündete Herr von Wallbaum den Jagdplan. Frau von Wallbaum war sehr zufrieden damit und beschloss, den Herren viel und gut zu essen mitzugeben. Oda schaute Karl Erdmann erschrocken an, und Heida an ihrem Fenster begann zu weinen. Fräulein Undamm musste sie hinausführen, damit Frau von Wallbaum es nicht bemerke. Karl Erdmann war sehr ärgerlich darüber, er zog Oda in eine Fensternische und sprach sich scharf aus: »Das kommt davon, wenn Kinder die Angelegenheiten der Erwachsenen ausspionieren. Dieses Getue ist unerträglich. Da die Affäre nun unglücklicherweise bekannt ist, so nehmt euch zusammen. Es ist wirklich kein Grund, Aufhebens zu machen.«

Wirklich, sie schienen sich zusammenzunehmen, denn um ihn her begann ein ganz unbefangenes, heiteres Treiben. Er hörte Heida im Nebenzimmer wieder recht ausgelassen mit Leo lachen, Oda zog sich mit ihrem Bräutigam in die Bibliothek zurück, und Daniela forderte Botho auf zu singen. Er sang Schuberts Wanderer, und sie begleitete ihn. Das war alles gut, aber was sollte er, Karl Erdmann, jetzt tun? Etwas ganz Unbefangenes, ganz Natürliches. Das war das Fatale. Ihn genierte dieses Duell gewiss nicht, er hätte gar nicht daran gedacht, allein die andern konnten denken, er sei heute anders als sonst, konnten denken, er wolle sich interessant machen oder sei gezwungen heiter. Das alles gab ihm das Unbehagen eines Menschen, der zu viel Wein getrunken hat und in Gesellschaft sich bemüht, ganz natürlich zu erscheinen. Er saß da und hörte dem Gesange zu, ärgerte sich über den großen Aufwand an Gefühl, den Botho in das »wo bist du, o mein geliebtes Land« legte, ja er begann überhaupt sich zu ärgern. Es gelang den andern doch ein wenig zu gut, so zu tun, als sei nichts geschehen. Jedenfalls war es nicht nötig, dass niemand sich um ihn bekümmerte.

Plötzlich, wie der Regen gekommen war, hörte er auch auf. Karl Erdmann nahm seine Mütze und ging in den Garten hinaus, auf die Gefahr hin, melancholisch zu erscheinen. Er irrte auf den Kieswegen hin und her, besah sich die Blumen, die blank vom Regen waren, ging in den Park, hörte dem Klingen der Tropfen in den Bäumen zu, atmete den köstlichen, feuchten Duft ein. Nun wollte er auch angenehme Gedanken haben, aber er wurde ein verstimmtes, bitteres Gefühl nicht los. Er verlangte gewiss nicht, dass etwas Besonderes für ihn geschehen sollte, nur war auch kein Grund da, dass dieser Tag für ihn ereignisloser und alltäglicher sein sollte als andere. Warum musste er heute gerade allein hier spazieren gehen? Daniela würde noch Zeit genug haben, Botho den Wanderer singen zu lassen, und Oda, sich mit Ottomar Lynck zu zanken. Karl Erdmann konnte es ja ertragen, allein spazieren zu gehen, nur wunderte er sich darüber, dass die andern, da sie nun einmal wussten, was ihm bevorstand, das zuließen. Man nimmt sein eigenes Duell leicht, allein dass die andern es so leichtnahmen, war doch seltsam. Jedenfalls mit den angenehmen Gedanken war es jetzt nichts, daher ging Karl Erdmann in den Pferdestall. Dort war es hübsch, die Nachmittagsonne lag hell auf den Steinfliesen des Fußbodens, auf dem Stroh, auf den blanken Leibern der Tiere, das sah lustig und herrschaftlich aus. Karl Erdmann setzte sich auf die Haferkiste und begann eine Unterhaltung mit dem alten Kutscher, ließ sich vom Charakter der einzelnen Pferde erzählen, von dem Charakter früherer Pferde, und hier fühlte er sich endlich ganz gemütlich und ganz unbefangen.

Der Sommertag ging friedlich und ereignislos zu Ende. Als Karl Erdmann aus dem Stalle wieder auf den Hof trat, war die Sonne im Untergehen. Vom Tennisplatz klangen Stimmen herüber, eine große Partie war dort im Gange. »Mich haben sie dazu nicht nötig gehabt, nun, so will ich auch nicht hingehen«, dachte Karl Erdmann. Solche kleine Empfindlichkeiten waren ihm an sich selbst neu, allein in dieser seltsamen Zeit hatte er so manche Entdeckungen an sich zu machen. Er beschloss, den Sonnenuntergang zu betrachten. Die Sonne stand rot über dem Waldrande, große Wolken hingen in dem glashellen Himmel schmal und langgestreckt, rot und goldangeleuchtet wie riesige, purpurne, goldverbrämte Hechte, die in einem blassrosa Meere schwimmen. Er steckte die Hände in die Rocktaschen und betrachtete das, als wäre es eine ihm zugedachte Aufmerksamkeit.

Später am Abend auf der Gartenveranda wurde es recht heiter, und hier fühlte Karl Erdmann wieder, dass seine Schwestern und die andern ihm heute gewissermaßen mehr Beachtung schenkten als sonst. Über seine Witze und Geschichten wurde mehr gelacht, als er es gewohnt war. Das tat ihm wohl. Es freute ihn auch, dass er so ausgelassen sein konnte, nur bisweilen empfand er ein unbändiges Bedürfnis nach Feierlichkeit und Sentimentalität, am liebsten hätte er eine seiner Schwestern beiseitegenommen, um ihr etwas ganz lächerlich Gefühlvolles zu sagen, wie zum Beispiel: »Komm, ich möchte noch einmal die Lilien riechen.« Gut, dass die andern das nicht merkten. Stattdessen sagte er zu Leo: »Komm zu den Birnen, ich höre welche fallen.« Sie gingen zum Birnbaum und begannen die kalten feuchten Birnen zu essen. »Dabei kann man auch sentimental sein«, dachte Karl Erdmann.

Herr von Wallbaum mahnte heute früher zum Aufbruch wegen der für morgen festgesetzten Fahrt. Man wünschte sich gute Nacht, und Karl Erdmann bemühte sich, sein Gutenacht ganz gewöhnlich und obenhin zu sagen. Als er noch ein wenig auf der Veranda zurückblieb und in den dunklen Garten hinaussah, legte sich eine Hand leicht auf seinen Arm, und Daniela sagte leise: »Wollen wir heute noch beisammen sein? Dann erwarten Sie mich im Park auf der Bank unter dem Ahorn.« Dann war sie fort.

Er blieb eine Weile auf demselben Fleck stehen, eine große Ruhe legte sich über ihn, es war, als löste sich etwas in ihm, denn das war es, was kommen musste, das war es, auf das er den ganzen Tag gewartet hatte. Jetzt war es gut. Er zündete sich eine Zigarette an, stieg in den Garten hinunter und begann langsam dem Parke zuzugehen, ganz langsam, denn jetzt waren Stunden seines Lebens gekommen, die sehr behutsam Minute für Minute ausgekostet werden mussten. Alle Sinne waren in ihm wach, jedes Gefühl und jeder Eindruck wurden nun etwas Kostbares und Seltenes, der Duft der Spiräahecke, an der er vorüberging, der feuchte Samt einer Blume, über die er leicht mit der Hand hinstrich, die dicke Kröte, die träge über den Kiesweg ihren nächtlichen Freuden nachschlich, all das gehörte von nun ab zu dem Unvergesslichen seines Lebens. Vor der Bank an dem Ahorn angelangt, setzte er sich, lehnte den Kopf zurück und schloss die Augen. Wie ruhevoll war es, nicht an alles Mögliche denken, alles Mögliche fühlen zu müssen, sondern nur ganz voll von der reinen, starken, freudigen Erwartung zu sein.

Er vernahm ein leises, seidiges Knistern neben sich, und der Duft von Teerosen und Ambra, den Daniela an sich zu haben liebte, schlug ihm entgegen. Zwei kühle Hände legten sich auf seine Stirn, und Daniela sagte leise: »Armer, wenn ich ein Glück bin, soll es kommen.« Sie stützte die Arme auf seine Schultern, die helle, schmale Gestalt beugte sich über ihn und glitt dann auf ihn nieder.

Durch das Laub der Bäume lief ein beständiges Rauschen und Wispern, kühle Tropfen regneten auf die Bank nieder. In irgendeinem Baumwipfel regte sich eine verschlafene Krähe und schlug laut mit den Flügeln. Ganz fern auf der dunkeln Wiese wurde eine Stimme laut, ein einsames Rufen oder Singen. Karl Erdmann hörte das alles, aber es schien nicht außer ihm, sondern mit ihm eins zu sein, eins mit der Bewegung seines Blutes, mit dem Pulsschlag der Arme, die ihn umschlangen, mit dem Leben der Lippen, die sich auf die seinen drückten. Die ganze große Finsternis um ihn her mit ihrem Wehen und Klingen war ganz nur sein eigenes Fühlen.

Eine Elster begann leise in einem Busch vor sich hin zu plaudern, auf dem Wasser des Teiches lag es wie ein blinder Glanz, die Gestalten der Bäume und die Nebel auf den Rasenplätzen, grau in der grauen Dämmerung, wurden sichtbar. »Der Morgen kommt«, sagte Daniela. Sie stand vor Karl Erdmann, schauerte ein wenig in sich zusammen und strich sich das vom Tau feuchte Haar aus der Stirn. Dann nahm sie seinen Kopf mit beiden Händen, küsste seinen Mund, und er fühlte, wie zwei warme Tropfen auf sein Gesicht niederfielen. »Sie weint«, dachte Karl Erdmann, »ach ja, weil ich sterben werde.« Leise knisterten Danielas Kleider wieder, und sie lief die Allee hinab in die aufsteigenden Nebel hinein. Karl Erdmann blieb auf der Bank sitzen und schloss wieder die Augen wie jemand, der einen schönen Traum geträumt hat und, einen Augenblick erwacht, nun diesen Traum weiterträumen will. Allein das Weiterträumen solcher Träume ist mühsam und will nie recht gelingen. Ringsum erwachten immer neue Vogelstimmen, und im Teich begann ein plätscherndes Leben. Er fror und erhob sich, um ein wenig zu gehen, er hatte noch immer die Empfindung, als träume er, nur dass ein anderer Traum gekommen war, nebelgrau und voll einer starken Traurigkeit.

Während er langsam und versonnen am Teich entlangging, sah er plötzlich vor sich auf einer Bank Aristides Dorn sitzen. Er hatte seinen Hut abgenommen, schwer und feucht hing ihm die Locke in die Stirne, dunkel und erregt schauten die Augen aus dem bleichen Gesicht. Er schien zu frieren, denn die Lippen waren bläulich, lächelten nur mühsam ihr ironisches Lächeln, und die Hände rieb er eifrig aneinander. Karl Erdmann wunderte sich nicht, in dieser gespenstischen Dämmerungswelt konnte ihn nichts überraschen. Er nickte und sagte: »Guten Morgen, Herr Dorn, Sie sind schon auf?« Dorn erwiderte den Gruß, ohne aufzustehen: »Guten Morgen, Herr von Wallbaum, ja, ich bin schon auf, oder vielmehr ich habe auch nicht die Nacht geschlafen.« – »So, so«, meinte Karl Erdmann zerstreut und setzte sich zu Dorn auf die Bank, »ein frischer Morgen.« Er hatte das Bedürfnis, jemand sprechen zu hören; als Dorn jedoch zu sprechen begann, da hörte er ihm kaum zu. »Nun ja«, sagte Dorn und drückte seine frierenden Hände, so dass sie leise knackten. »Sie haben ja auch ein erregendes oder sozusagen dramatisches Ereignis vor. Sie gehen einer Gefahr entgegen, wie ich höre.« Karl Erdmann zuckte leicht mit den Schultern: »Ach, da haben die Kinder so etwas erlauscht, aber das ist nicht so schlimm, das ist nun mal eine Einrichtung.«

»Eine Einrichtung«, wiederholte Dorn, »ja, das ist es, und zwar eine in ihrer Art fein erfundene Einrichtung.

Sie erreicht ihren Zweck, sie drapiert, möchte ich sagen. Gefahr drapiert immer. Die Todesmöglichkeit als Dekoration, aha.« Dorn lachte mit seinen frierenden, steifen Lippen.

»Sehr gut«, sagte Karl Erdmann und lachte auch, obgleich er nicht zugehört hatte.

»Aber Sie müssen hier so etwas haben«, fuhr Dorn fort, »hier, wo niemand den Alltag vertragen kann. Leo ist in den Unterrichtsstunden unmöglich, wenn nichts los ist, wenn nicht irgendein Extravergnügen in Aussicht steht. Aber das ist nun die Regel dieses Lebens hier, immer ausschmücken, und da muss denn so etwas Dramatisches Effekt machen, Todesgefahr ist eine Art bengalischer Beleuchtung. Dagegen kommt natürlich ein einfacher Werktagsmensch wie ich nicht auf. Solch einer nimmt sich ebenso lächerlich aus wie ein Theaterarbeiter, der sich auf der Bühne verspätet hat, wenn das Drama schon anfängt. Ich habe das einmal bei einer Vorstellung gesehen, und hier habe ich oft an diesen grauen Arbeiter auf der Bühne denken müssen.«

Karl Erdmann wurde aufmerksam, Dorn sprach jetzt schnell, und seine Stimme hatte einen hohen, zänkischen Klang. »Herr, was sprechen Sie da?«, fragte Karl Erdmann, »wem machen Sie Vorwürfe? Ich habe nicht recht verstanden? Ich glaube, Sie sind krank, ja, Sie sehen krank aus. Sie sollten von hier fortgehen, Sie vertragen die Luft hier nicht.«

Aristides Dorn war wieder ganz ruhig geworden, mit nervösen Fingern griff er nach seiner Stirnlocke und meinte: »Ach nein, wem sollte ich Vorwürfe machen? Es ist ja möglich, dass ich krank bin, vielleicht vertrage ich die Luft hier nicht, aber das ist meine Sache. Vielleicht muss ich von hier fortgehen, ob ich das kann und ob ich das nicht kann, das ist meine Sache.« Seine Stimme zitterte ein wenig und klang seltsam kummervoll und mutlos. Karl Erdmann tat der bleiche junge Mann leid, gutmütig klopfte er ihm auf die Schulter. »Wissen Sie was«, sagte er, »Sie sollten schlafen gehen. Die Morgendämmerung gibt einen Katzenjammer, man weiß nicht wovon. Dagegen gibt es nur ein Mittel: schlafen. Sie werden sehen, vom Bett aus nimmt sich die Welt wieder ganz erträglich aus.«

»Ich danke«, erwiderte Dorn steif und sah Karl Erdmann mit Abneigung an, »ich möchte hier noch eine Weile sitzen. Es gibt Dinge, die man fürchtet mit in den Schlaf hineinzunehmen.«

Karl Erdmann zuckte die Achseln und stand auf. »Na, wie Sie wollen, ich wenigstens freue mich kolossal auf mein Bett. Dann also guten Morgen.« Damit ging er eilig dem Hause zu.

Die Abfahrt zu früher Stunde war lustig. Frau von Wallbaum stand wieder auf der Treppe, hob segnend die Hände und sagte: »Unterhaltet euch gut.« Die Herren lehnten sich behaglich in den Landauer zurück und zündeten ihre Morgenzigarren an. »Angenehme Lebenslage«, sagte Graf Lynck. »Ja, sehr angenehm«, bestätigte Karl Erdmann. Trotz der wenigen Stunden Schlaf fühlte er sich ausgeruht und war mit dem Leben zufrieden, zufrieden mit dem, was er erlebt hatte, und dem, was er erleben sollte. Vor allem aber war er heute mit sich selbst ganz einverstanden, er war sozusagen gern mit sich selbst zusammen, mit diesem Karl Erdmann, der geliebt und beweint wurde und nun fröhlich seiner ritterlichen Pflicht entgegenfuhr. Bis zur Wohnung des Doktors Ulich war es eine Stunde. Dort hielt dann der Wagen vor dem roten Backsteinhause, das mitten in einem flachen, baumlosen Garten lag, der voller Gemüsebeete, roter Verbenen und Johannisbeerbüsche war. Der Doktor wartete bereits vor der Haustür, ein junger Mensch mit einem runden Kindergesicht, dem wie zum Scherz ein roter Backenbart angeklebt schien. Als er in den Wagen stieg, richtete er sich noch einmal auf, um in den Garten hinüberzugrüßen, wo seine Frau bei den Johannisbeeren beschäftigt war. Die kleine Frau, der die dicken blonden Zöpfe sich wie ein gelber Metallhelm um den Kopf legten, hob die Hände, die rot von Johannisbeeren waren, in den Sonnenschein hinein und winkte. Dann fuhr man ab.

»Sehr hübsch dieser Garten«, bemerkte Graf Lynck, »all das viele Rot im Sonnenschein, die roten Verbenen, die rotbemalten Hände Ihrer Frau Gemahlin.« Doktor Ulich errötete und lächelte: »Ja, Johannisbeeren, wir haben sehr viel Johannisbeeren, da gibt es zu tun. Meine Frau macht sie für den Winter ein, das ist sehr angenehm, aber – –«, er hielt inne und schaute Karl Erdmann erschrocken an, »ich erzähle hier von Johannisbeeren, es ist wohl nicht am Platz – die Herren haben gewiss an andere, ernste Dinge zu denken.« – »Dass ich nicht wüsste«, sagte Graf Lynck, »im Gegenteil, ich denke gern an Johannisbeeren. Der Geruch und der Geschmack von Johannisbeeren sind mir mit einer hübschen Jugenderinnerung verbunden. An einem Johannisbeerbusch machte ich als Achtzehnjähriger meine erste Liebeserklärung, und zwar der Engländerin meiner Schwester; eine blonde junge Dame, weiß und rot wie Porzellan, und sie hatte einen kleinen runden Mund, der aussah, als sei er vom vielen ›O‹-Sagen selbst ein blutrotes O geworden. Sie war sehr erschrocken über meine Erklärung und zerdrückte in ihren Händen die Johannisbeeren, die sie hielt, so dass sie ganz rote Hände bekam.« Ja, die Engländerinnen, Botho hatte auch welche gekannt. Und nun sprach man von Engländerinnen und von andern Damen, endlich von Weibern im Allgemeinen. Der Doktor hörte aufmerksam zu und lachte viel, indem er den Mund dabei weit öffnete.

Es begann sehr heiß zu werden, dichte Staubwolken hüllten den Wagen ein. Die Herren zogen die Kapuzen ihrer Staubmäntel über die Köpfe und wurden schläfrig. Einer nach dem andern schloss die Augen, nur der Doktor behielt seine runden, blauen Augen weit offen, er wollte keinen Augenblick des interessanten Erlebnisses versäumen.

Um die Mittagzeit wurde vor einem Kruge haltgemacht, die Pferde sollten ein wenig ausruhen, und die Herren gingen in die Krugstube, um dort ihren Imbiss zu nehmen. Die Stube roch nach Kalk und Bier, an den Fenstern lärmten zahllose Fliegen, und hinter seinem Schenktische schlummerte dick und erhitzt der Wirt.

In einer Ecke des Zimmers saßen drei wandernde Musikanten vor ihrem Glase Bier, grau vom Straßenstaub vor sich hinstarrend, als könnten sie sich vor Hitze und Müdigkeit nicht regen. »Auch Musik ist da, das ist gut«, sagte Karl Erdmann, und während Graf Lynck sorgsam das Frühstück auspackte, den Wein eingoss, ermunterte Karl Erdmann die drei schlaffen Burschen: »Spielt etwas, so was Patriotisches, einen Marsch oder ›Heil dir im Siegerkranze‹!«

Widerwillig zogen die Musikanten ihre Hörner hervor und spielten traurig und falsch einen Marsch, während die Herren frühstückten. »Köstlich, famos«, sagte der Doktor, »dieser Wein, diese Musik, diese ganze Lebenslage, unerhört interessant.«

»Margusch, bedien die Herren«, rief der Wirt, und Margusch kam, eine seltsam grelle, farbige Gestalt, unter dem roten Kopftuch quoll das ungeordnete schwarze Haar hervor, in dem blanken, bräunlichen Gesicht saßen die Augen wie braunrote Glaskugeln, und der Mund sah aus, als hätte ein in Karmin getauchter Pinsel einen saftigen roten Fleck in das Gesicht gemacht. »Ein Farbkasten, die Person«, bemerkte Lynck. – »Neapel!«, rief der Doktor begeistert. Da die Musikanten jetzt einen Walzer spielten, so erhob Karl Erdmann sich und tanzte mit Margusch, die dabei ganz ernst blieb, die Augen schloss und sich mit Gewalt drehte. Endlich war Karl Erdmann atemlos, er ließ das Mädchen stehen und sagte: »Nun, meine Herren, jetzt können Sie tanzen.« – »Ich will lieber nach den Pferden sehen«, sagte Botho, »komm, Margusch.« Er erhob sich und ging mit dem Mädchen hinaus. Doktor Ulich rieb sich die Hände und murmelte: »Herrlich, herrlich. Ich bin glücklich, das zu erleben. Man denkt sich das alles ganz anders, ein Duell, mein Gott, und nun …«

»Trinken Sie, Doktor«, sagte Karl Erdmann und schlug Ulich auf die Schulter, »Sie sind wirklich von einer erfrischenden Empfänglichkeit.«

Als die Fahrt fortgesetzt wurde, führte der Weg durch den Wald, an prachtvollen Föhrenstämmen hin und dann durch alten Tannenbestand, in dem es fast dämmerig war. Die Feierlichkeit des Waldes machte die Herren schweigsam, und nachdenklich ließen sie die großen Baumgestalten an sich vorüberziehen, sie machten ernste Gesichter, als müssten sie jetzt einer Zeremonie beiwohnen.

Bei Sonnenuntergang hielten sie vor der Waldhüterei. Ein niedriges Holzhaus stand zwischen den großen Tannen, daneben ein kleiner, offener Heuschober und ein Stall. Die Gebäude waren noch neu und schimmerten grell und unruhig aus der großen Ruhe des Waldesschattens heraus. Vor der Tür stand der Waldhüter, ein Riese, den Kopf und das Gesicht voll struppiger Haare, neben ihm seine Frau, hübsch und bleich, ein Kind an der Brust.

»Es ist alles fertig, wie die Herren es bestellt haben«, sagte der Waldhüter, und die Frau sah die Ankommenden ernst und feindselig an. Die Herren mussten durch eine dunkle Küche gehen, in der der Rauch ihnen die Tränen in die Augen trieb, dann kamen sie in die beiden Zimmer, die für sie bereitet waren. Es roch hier nach frischen Brettern, nach Harz und feuchtem Leim. »Herrlich«, rief Doktor Ulich, »man steht mitten im Märchen, man hätte Lust zu sagen, lasst die Hexe herein.« Graf Lynck verzog sein Gesicht: »Ja, wenn wir nur die zum Komfort nötig hätten, dann würde es ja gehen.«

Botho und Graf Lynck machten sich zum nahegelegenen Kruge auf, um mit den Herren, die dort ihr Quartier aufgeschlagen hatten, die Verabredung für morgen zu treffen. Doktor Ulich ging unter den Tannen auf und ab, den Hut in der Hand, um sich ganz in die Natur zu versenken. Karl Erdmann trat vor die Haustür.

Es dunkelte schon stark, an der Hauswand lehnten zwei weiße Gestalten, ein großes Mädchen, nur mit Rock und Hemd bekleidet, und ein Bursche in einer weißen Leinwandhose. Sie standen schweigend da, ließen die nackten Arme schlaff niederhängen und kühlten sich. Auf einer niedrigen Holzbank saß in Tücher gewickelt und in sich zusammengebogen eine ganz alte Frau. Karl Erdmann setzte sich zu ihr auf die Bank. »Nun, Mutter, gut ist es hier«, sagte er.

»Kalt«, antwortete die Alte verdrießlich, »wie kann es gut sein, wenn es kalt ist, mir ist immer kalt.«

»Aber am Tage«, wandte Karl Erdmann ein, »wenn die Sonne da ist?«

Die Stimme der Alten wurde tiefer und böser, als sie erwiderte: »Die Bäume, die Luder, lassen sie nicht heran«, und dann wies sie mit einem seltsam knorrigen Finger zu dem Mädchen und dem Burschen hin, »die da schwitzen und mir ist kalt, anders ist es nicht. Ist man jung, dann ist einem zu heiß, ist man alt, dann friert man, anders ist es nicht.«

Durch die geöffnete Haustür klang das Wimmern eines Kindes, das Schelten einer Frauenstimme, Schritte nackter Füße auf Steinfliesen. Hinten im Stall grunzten Schweine, die beim Schlafengehen wohl in Streit geraten sein mochten. Die Finsternis sank immer tiefer hernieder. »Kalt, kalt«, sprach die böse Stimme der Alten zuweilen vor sich hin. Über dem allen aber aus den schwarzen Wipfeln ertönte das große Rauschen des Waldes langatmig und ernst. Karl Erdmann schloss die Augen, um ihm zuzuhören, um zu hören, wie es die kleinen, kummervollen Töne um ihn her überdeckte, als unwesentlich und sinnlos auslöschte. »Es mag wohl sein«, dachte Karl Erdmann, »dass es sich in dem großen Rufen dort oben um anders wichtige Sachen handelt, als wir hier treiben.«

Endlich kehrten Botho und Graf Lynck von ihrem Gange zurück, Botho rief nach Essen, und Graf Lynck ließ einen Tisch, Stühle und eine brennende Petroleumlampe an der Schmalseite des Hauses aufstellen. Dann begann er sehr sorgsam die Essvorräte auszupacken und auf dem Tische anzuordnen. »So, meine Herren, das Souper ist bereit«, sagte er und setzte sich. Der Doktor rieb sich vergnügt die Hände, beugte sich mit seinen kurzsichtigen Augen nahe auf die Speisen nieder und murmelte: »Welche Herrlichkeiten! Da sind Rebhühner und Eier, und sogar Gänseleberpastete, und der göttliche Östricher! Was nimmt man nun zuerst? Ich möchte keinen Fehler begehen.«

»Nun«, meinte der Graf ernst, »ich würde zur Pastete raten, denn die Trüffel verlangt sozusagen eine noch jungfräuliche Zunge.«

»Ich danke, Herr Graf, ich werde mir das merken«, sagte der Doktor.

Eine Weile aßen nun die Herren eifrig und schweigend, allein nach dem dritten Glase Rheinwein vermochte der Doktor mit seiner Begeisterung nicht mehr an sich zu halten. »Wir tafeln hier, und hinter unsern Stühlen steht der Wald wie ein Diener, groß und schwarz.« – »Das ist allerdings ein wenig seltsam«, bemerkte Botho, »diese Dunkelheit da. Ich habe die ganze Zeit das Gefühl, als stünde dort jemand und schaute uns zu.« – »Sie schauen uns zu«, rief der Doktor, »sie schauen uns zu, die Bäume und die Sterne und die ganze große Natur. Wir sitzen hier wie auf einer kleinen mystischen Lichtinsel – –«

»Sie schreiben wohl ein Tagebuch, Herr Doktor«, warf Graf Lynck ein. – »Warum?«, fragte der Doktor. – »Nun, weil Sie jede Situation gern gleich druckfertig machen.« – Der Doktor errötete. »Früher als Junggeselle, ja, da schrieb ich alles nieder, aber jetzt, wo ich verheiratet bin, wozu! Ich erzähle meine Eindrücke meiner Frau, das ist einfacher.« – »So, so«, meinte Botho,

»das mag gewiss ein Hauptvorteil der Ehe sein, dass man in ihr stets sein Publikum hat.« Aber der Doktor wollte sich in seiner Begeisterung nicht stören lassen. »Mystisch«, begann er wieder, »alles ist hier mystisch. Wenn wir bedenken, wozu wir hier sind – und doch die Ruhe und Gemütlichkeit. Mut ist doch was Großes und Schönes.«

»Ach was, Mut«, brummte Karl Erdmann ärgerlich, und Botho versetzte zerstreut: »Mut, Mut, na ja, man hat Mut, wie man eine Nase hat.« – Das entzückte den Doktor vollends: »Das ist es ja; Ihnen ist das selbstverständlich; und überhaupt ein Duell, an sich ein Mysterium, eine erhabene Sinnlosigkeit, eine sakramentale Handlung, *credo quia absurdum est.* Wer hat einen Vorteil davon, bitte? Und doch welch eine Wirkung.« Graf Lynck lächelte ironisch: »Es ist ein Mittel gegen ein Übel. Sie, lieber Doktor, wissen doch auch nicht, wodurch die Mittel, die Sie Ihren Kranken eingeben, wirken.«

Die Waldhütersfrau kam, um die Teller fortzuräumen, und unterbrach das Gespräch. Die Herren zündeten die Zigarren an, füllten die Weingläser und lauschten eine Weile schweigend dem Rauschen des Waldes.

Endlich begann der Graf wieder, als hätte er in Gedanken das Gespräch fortgesetzt: »Man gewinnt nichts dabei, meinen Sie, na, darüber ließe sich doch manches sagen, aber wissen Sie, dass zuweilen beim höchsten Spiel der eine zwar einen für ihn sehr wichtigen Einsatz verlieren kann, der andere aber nichts dabei gewinnt als die Genugtuung über den Verlust seines Gegenspielers. Kein gutes Zeichen für die Liebenswürdigkeit der menschlichen Natur. Da erinnere ich mich, in Dresden einen Polen gekannt zu haben, von Kirbitzky hieß er, seine Leidenschaft und sein Beruf waren das Spiel. Da erzählte man mir eines Tages, Kirbitzky hat in vergangener Nacht in irgendeinem Cercle ein sehr hohes Spiel gespielt und alles, was er besaß, verloren. Als er nichts mehr zu setzen hatte, setzte er sein rechtes Ohr, das der Gegenspieler für einen ansehnlichen Betrag als Einsatz gelten ließ. Nun, Kirbitzky hatte Glück und gewann. Als ich bald darauf den Herrn traf, fragte ich ihn nach der Geschichte, und er bestätigte sie mir. ›Gut‹, sagte ich, ›wenn Sie nun verloren hätten, was hätten Sie getan?‹ ›Ich hätte mir natürlich das Ohr abgeschnitten‹, sagte er, ›und hätte mir das Haar über die rechte Seite gekämmt, übrigens hat man Ihnen die Geschichte nicht ganz richtig erzählt. Als ich mein Ohr setzte und gewann, da bog ich die Karte.‹«

Doktor Ulich hatte vom Wein und der Erregung rote Backen und blanke Augen bekommen, er legte beide Hände an die Schläfen, als sei ihm der Kopf zu voll von Gedanken: »Unbegreiflich!«, rief er. »Was ist der Mensch für ein unheimliches Wesen, ›*un monstre incompréhensible*‹, sagt Pascal, aber schließlich ist ein Ohr doch nur ein Ohr. Aber wenn der Tod sich hereinmischt, da wird die Sache feierlich. Immer, wenn wir eine Sache erhaben und feierlich machen wollen, muss immer irgendwie der Tod dabei sein. Haben Sie das nicht bemerkt, meine Herren?«

»Nun, das ist richtig«, meinte Botho, »so in Theatern und in Büchern und auch sonst wird ein bisschen Tod gern als Gewürz benutzt.«

»Und doch, man weiß immer noch nicht, was er ist«, sagte Karl Erdmann. Auf die drei andern wirkten diese Worte seltsam, sie machten Gesichter wie Leute, die sich einer Taktlosigkeit bewusst werden, und schauten Karl Erdmann ein wenig erschrocken an. Dieser errötete und lachte verlegen. »Sie, Doktor«, sagte er, »haben ja viel mit diesen Dingen zu tun, haben Sie nie etwas bemerkt, was einen Aufschluss geben könnte?«

Der Doktor zuckte die Achseln und sagte bedauernd: »Nein, wirklich, ich habe nichts bemerkt. Wenn der

Patient den letzten Atemzug getan hat, wenn ich ihm die Augen zudrücke und die Morphiumspritze einpacke, dann kommt es mir vor, als würde ganz brutal vor mir eine Tür zugeschlagen. Ja, wirklich, ich komme mir geradezu hinausgeworfen vor.«

»Nicht sehr schmeichelhaft für die Menschheit«, knarrte Graf Lynck, die Zigarre zwischen den Zähnen behaltend, »der Tod ist nun eine Millionen Jahre alte Erfahrung, und es ist ihm doch gelungen, sein Inkognito zu wahren.«

Doktor Ulich trank hastig und erregt sein Glas leer und lächelte geheimnisvoll. »Und doch«, sagte er, »es gibt Augenblicke, in denen wir fast etwas zu wissen glauben.«

»Nun?«, fragte Karl Erdmann und beugte sich ein wenig vor.

»Nein, nein, nicht wissen«, wehrte der Doktor ab, »wie sollte ich etwas wissen, aber ahnen, fühlen, wie es vielleicht sein könnte. Also wir sitzen auf unserer gelben Lichtinsel eng und gemütlich beieinander. Um uns steht die Finsternis ganz nah und unbekannt, aber wir wissen, dort rauscht es und weht es, dort treibt ein großes Sein sein Wesen. Und plötzlich entwische ich aus unserer Lichtinsel hinein in die große Finsternis. Ich verliere mich ganz in sie, ich schmelze in sie hinein. Werde ich dann nicht ein unendlich wohltuendes Strecken und Dehnen fühlen, ein Atmen, wie mit immer weiter werdenden Lungen, etwas wird sich in mir lösen, in das ich eingeschnürt war, etwas wird von mir abfallen, und was sich löst und was abfällt, das werde ich sein, das wird Friedrich Karl Ulich sein, und stattdessen werde ich auch als das große Wesen, als die große Finsternis, als das große Sein mein Wesen treiben. Das kann doch gut sein.« Er hatte laut und von seinen Worten hingerissen gesprochen, aber plötzlich wurde er befangen, errötete und schwieg.

Graf Lynck schaute ihn neugierig an, dann lächelte er spöttisch und bemerkte: »Gott, ich weiß nicht, man hat sich nun mal an sich selbst gewöhnt.«

»Kalt, dunkel«, brummte Botho vor sich hin und schaute mit Abneigung in diese Dunkelheit, die sie da so eng einschloss. Ja, wirklich, es schien ihm, als bedrückte sie ihn, als würde es ihm schwer, zwischen diesen schwarzen Wänden zu atmen. Teufel, dieser Doktor mit seinen Visionen hatte nicht gerade einen heiteren Rausch. Alle schwiegen jetzt, rauchten und sannen vor sich hin. Endlich erhob sich Graf Lynck und sagte: »Ich denke, wir gehen schlafen, unsere Unterhaltung ist ja ohnehin so weit gediehen, dass es wohl nichts mehr zu sagen gibt.« Sie schickten sich an, ins Haus zu gehen, nur Karl Erdmann blieb zurück. »Kommst du nicht?«, fragte Botho.

»Nein, geht nur«, erwiderte er, »der Wein hat mich heiß gemacht, ich will mich ein wenig abkühlen.« Damit ging er eilig in den Wald hinein.

Der breite Waldweg lag wie eine bleichere Finsternis zwischen dem Schwarz der Tannen. Hier unten war alles still und regungslos, oben aber ging eine starke Bewegung durch die Wipfel, ein dunkles Flattern, Sichneigen und Biegen. Wenn Karl Erdmann emporschaute, sah er zwischen den Zweigen Sterne auftauchen und verschwinden, sie schienen durch die Nacht zu laufen wie Funken durch eine verlöschende Kohle. Gespannt lauschte er in sich hinein, er wollte etwas von den Gefühlen entdecken, von denen der Doktor gesprochen hatte; dieses Hinschmelzen, dieses Lösen war etwas, das er gern erlebt hätte. Allein er spürte nichts, immer nur fand er sich selbst mit seiner Freudlosigkeit, die ihn heute quälte, mit einer kindischen Neigung, sich selbst zu bemitleiden, etwas Großes, Befreiendes wollte sich nicht einstellen, es war recht ärgerlich. Er begann schneller zu gehen. Auf einer kleinen Lichtung, an der er vorüberkam, lag der Nebel wie eine unsichere Helligkeit, ein Rehbock schreckte auf und brach bellend durch das Unterholz. »Nein«, dachte Karl Erdmann, »ich bin wohl sehr weit davon entfernt, mit der Nacht eins zu sein, ich störe nur, sie bellt mich böse und leidenschaftlich an.« Der Weg wurde enger, eine vom Wind gebrochene Tanne lag quer über ihn hingeworfen da. Karl Erdmann fühlte sich erschöpft und setzte sich auf den Stamm der Tanne. So würde es vielleicht eher gehen. Es gab doch indische Heilige, die jahrelang auf einem Flecke sitzen und nichts tun als von sich fortdenken und die sich dann eins fühlen mit dem All oder so etwas. Er schloss die Augen, das Rauschen über ihm hatte etwas, das gefangen nahm, emporhob, ein wenig schwindlig machte, es war nicht ein Rauschen, sondern es war, als kämen immer wieder neue, große Flügel herangesaust, und sie kamen von sehr weit aus einem unendlichen Raum und flogen eilig, eilig vorüber, von sehr weit, von sehr weit. Ja, als er das dachte, da war es da gewesen, das Gefühl, aber nun war es doch gleich vorüber. Nah von sich hörte er jetzt ein Schnaufen und Blasen, eine unförmliche Gestalt schlich langsam über den Weg, ein Dachs auf seiner nächtlichen Jagd. Karl Erdmann regte sich nicht, um das Tier nicht zu verscheuchen, die Gegenwart dieses dicken Gesellen, der so gemütlich fauchend und blasend ganz nahe an ihm vorüberging, tat ihm wohl, die Unendlichkeit war fort, und der Wald wurde zu etwas Vertrautem und Gemütlichem, in dem man seine Höhle hat und seine vertrauten Wege, auf denen man nach Wurzeln und Käfern sucht. Als der Dachs fort war, fühlte Karl Erdmann sich einsam, er stand auf und machte sich auf den Heimweg. »Das ist alles Unsinn«, dachte er, »was weiß denn der Doktor. Er war übrigens betrunken heute Abend.«

In der Waldhüterei war schon alles still. Als Karl Erdmann an dem offenen Schuppen vorüberging, sah er, dass der Bursche und das Mädchen fest aneinandergeschmiegt auf dem Heu lagen und schliefen. Die Küche war voll des eifrigen Schrillens der Heimchen, von nebenan wurden die lauten Atemzüge der schlafenden Waldhütersfamilie vernehmbar. »Na ja«, dachte Karl Erdmann, »eng zusammenkriechen, beieinander sein, das ist schon verständlicher. Man ist eben noch nicht das All.« Er wollte machen, dass er zu Bett kam, wollte an zu Hause, an den Garten, an Daniela denken, bis er einschlief.

Karl Erdmann erwachte davon, dass Doktor Ulich sehr gefühlvoll sagte: »Ach, lassen Sie ihn doch noch ein wenig schlafen.« Worauf Graf Lynck kühl erwiderte: »Es ist aber Zeit.« Karl Erdmann richtete sich auf und lachte den Doktor an: »Wissen Sie, Doktor, wie Sie das eben sagten? So als ob Sie im Gefängnis am Bette eines Delinquenten ständen, nun lassen Sie es gut sein, ich bin gleich fertig.«

Der Platz der Zusammenkunft war von der Waldhüterei zwanzig Minuten entfernt. Der Weg führte durch den Wald, die Tannen hingen voller Tropfen und hauchten eine empfindliche Kühle aus. Der Himmel war bewölkt und gleichmäßig grau. »Es ist fatal«, sagte Botho, »dass solche Affären immer zu so früher Morgenstunde stattfinden, das gibt ihnen etwas so ungemütlich Examenhaftes.« – »Gemütlich ist es nicht«, meinte Graf Lynck, »ich kannte einen merkwürdigen Herrn –« – »Hör, Ottomar«, unterbrach ihn Karl Erdmann, »es ist bewunderungswürdig, dass du zu so früher Morgenstunde schon einen Herrn gekannt hast, an den sich eine Anekdote hängt.« Graf Lynck zog bedauernd die Augenbrauen empor und behielt seine Geschichte für sich. Auf einer kleinen Waldlichtung fanden sie die Herren der Gegenpartei schon versammelt.

Herr von Asch kam ihnen grüßend entgegen, klein, elegant, er lachte ohne besonderen Grund und zeigte dabei sehr weiße Zähne, die voll blanker Plomben waren. Dann kam auch Graf Wirks, Unparteiischer, ein starker Herr mit Kaiser-Friedrich-Bart und tiefer Stimme, er war sehr feierlich und gemessen. Der Referendar stand abseits, schmalschultrig und blond, der lange Schnurrbart, eben aus der Bartbinde entlassen, war zu stark nach oben gedreht und entstellte ein wenig das hübsche, junge Gesicht. Alle drei aber waren bleich und sahen aus wie Leute, die sich unbehaglich fühlen, weil sie zu früh aufgestanden sind. Während die andern an das Abmessen der Distanz gingen, trat Karl Erdmann beiseite und zündete sich eine Zigarette an. »Soll ich ihm auf die Beine halten, oder soll ich überhaupt nicht zielen«, dachte er. Doktor Ulich trat zu ihm, seine blauen Augen waren rund, klar vor Erregung. Karl Erdmann lachte, als er ihn ansah: »Nun, Doktor, ein wenig Kopfweh von gestern?« – »Ach nein, das ist es nicht«, erwiderte Doktor Ulich, »obgleich ich fürchte, ich habe mich gestern ungehörig benommen. Es war taktlos, von diesen Dingen zu sprechen, aber das ist mein Unglück, ich bin zuweilen taktlos, und jetzt bin ich sehr aufgeregt – Sie verstehen. Ich habe nie so etwas durchgemacht.«

»Beruhigen Sie sich«, meinte Karl Erdmann. »Sie werden sehen, es ist ganz undramatisch. Und was das gestrige Gespräch anbetrifft, so war es doch etwas Neues, denn Ottomar Lyncks diplomatische und meines Bruders militärische Anekdoten kenne ich schon alle. Aber jetzt ist es wohl Zeit anzutreten.«

Die Gegner stellten sich gegenüber, Karl Erdmann hielt seine Pistole und sah das Bein des Referendars an, ein ziemlich dünnes Bein in einer grau in grau gestreiften Hose, es zitterte ein wenig; »er friert wohl«, dachte er. Dann begann Graf Wirks zu zählen, Karl Erdmann schoss, er wusste nicht, ob er auf das Bein des Referendars schoss, er hörte auch den Schuss seines Gegners, Graf Wirks zählte noch einen Augenblick, dann war es zu Ende. Karl Erdmann gab seine Pistole dem Grafen Lynck ab und steckte die Hände in die Taschen, weil sie ihm froren. Er sah zum Referendar hinüber und fand, dass dieser ziemlich ungelenk von einem Fuße auf den andern trat, wie jemand, der in Verlegenheit ist, was er tun soll. »Wahrscheinlich sehe ich jetzt auch ein wenig komisch aus«, ging es Karl Erdmann durch den Kopf. Die Sekundanten schossen ihre Pistolen aus, Graf Wirks unternahm es, die Gegner zu versöhnen, endlich trat der Referendar auf Karl Erdmann zu und reichte ihm eine unangenehm weiche, kalte Hand. Man stand noch eine Weile beieinander, sprach von dem Walde und dem Wildstande, endlich trennte man sich. »Wir brauchen uns nicht zu sehr zu beeilen«, sagte Botho auf dem Heimwege, »wir können ruhig frühstücken, ich schicke einen reitenden Boten voraus, der wird zu Hause melden, dass an Bord alles gesund ist.«

Die Stimmung beim Frühstück war gedrückt. Graf Lynck gähnte viel, behauptete, schlecht geschlafen zu haben, und klagte über Gerüche des Hauses. Botho war gereizt, und als Karl Erdmann etwas Militärisches erzählte, widersprach er ihm ironisch, und es entstand eine spitze Diskussion zwischen den Brüdern. Der Doktor schwieg. Später auf der Fahrt begannen Botho und Graf Lynck sofort zu schlafen. Auch Karl Erdmann war müde, die Augenlider wurden ihm schwer. Trotz des bewölkten Himmels herrschte drückende Schwüle, dazu die dichten Staubwolken, die den Wagen umgaben, das Atmen erschwerten und in der Nase kitzelten. Karl Erdmann nickte zuweilen ein, fuhr immer wieder aus dem Schlafe auf, und jedes Mal hatte er das seltsame Gefühl, als sei etwas Unangenehmes, Widerwärtig geschehen. Er musste sich auf sich selbst besinnen, sie sagen, dass nichts geschehen sei, im Gegenteil, alles war in bester

Ordnung, es wurde weiter gelebt, und das war doch bequem und gemütlich. Einmal fiel sein Blick auf den Doktor, dieser schlief nicht, sondern saß da mit gesenktem Kopf, die Hände gefaltet, drehte die Daumen umeinander, und sein Gesicht hatte einen so missmutigen Ausdruck, dass Karl Erdmann lachen musste. »Doktor«, sagte er, »Sie sind verstimmt und enttäuscht.« Der Doktor fuhr auf: »Enttäuscht, o nein, Herr von Wallbaum, ich bin glücklich darüber, daß alles so gut abgelaufen ist, sehr glücklich.« – »Und doch«, wandte Karl Erdmann ein. Doktor Ulich lächelte ein kindlich befangenes Lächeln: »Ja, ich weiß nicht, was das ist, wahrscheinlich liegt darin eine besondere Vornehmheit und Feinheit, dass alles so nüchtern und alltäglich aussah. Sie wollten doch dem Herrn Referendar nichts tun und er Ihnen auch nichts. Aber entschuldigen Sie, es ist wohl unschicklich, davon zu sprechen, natürlich liegt es an mir, ich hatte mich ein wenig aufgeregt, ich hatte sozusagen innerlich zu große Vorbereitungen getroffen; wir sind doch auch geizig mit unsern Erregungen, es verstimmt ein wenig, wenn wir an ein Erlebnis mehr Erregung gewandt haben, als nötig war. Es ist vielleicht, obgleich der Vergleich gewiss unpassend ist, es ist vielleicht doch etwas Ähnliches wie der Ärger, den wir fühlen, wenn wir uns im Hotel durch eine unnütze Anwandlung von Großartigkeit haben hinreißen lassen, dem Oberkellner ein zu großes Trinkgeld zu geben. Sie lachen, Herr von Wallbaum, und es ist gewiss lächerlich, was ich da sage. Eben musste ich an etwas denken, etwas – aber es ist sozusagen eine literarische Reminiszenz.«

»O bitte, das macht nichts«, meinte Karl Erdmann fröhlich. »Ich verstehe zwar wenig von Literatur, aber ich habe nichts gegen sie.«

»Lichtenberg erzählt einmal«, begann der Doktor, »von einem Traum. Er steht auf einem Marktplatze und sieht zwei Männern zu, die ein Spiel spielen mit Würfeln, glaube ich. Nachdem er eine Weile mit Interesse zugesehen hatte, fragte er einen der Männer: ›Was kann man bei diesem Spiele gewinnen?‹ ›Nichts‹, antwortete der Mann. ›Was kann man verlieren?‹, fragte er gleich weiter. ›Nichts‹, antwortete der Mann. Und dieses Spiel schien mir ein sehr wichtiges Spiel, endet der Bericht. Schön, nur glaube ich, dass der Professor Lichtenberg, als er von diesem Traum erwachte, einen Augenblick etwas ärgerlich, etwas beschämt darüber gewesen ist, dass er das Traumspiel so wichtig genommen hatte. Übrigens, Kutscher, halten Sie an, hier geht ein Richtweg durch den Wald bis zu meiner Wohnung, ich möchte ein wenig gehen. Die Herren schlafen, ich will sie nicht stören, leben Sie wohl, Herr von Wallbaum, ich bin sehr glücklich, dass alles so gut abgelaufen ist.« Er schüttelte Karl Erdmann herzlich die Hand, sprang aus dem Wagen und schlug einen Fußpfad über eine Wiese ein. Karl Erdmann schaute ihm nach, wie er nachdenklich mit gesenktem Haupte dahinging, wie er sich allmählich aufrichtete, wie ein jugendliches, lustiges Sichwiegen in die Gestalt kam. Jetzt nahm er den Hut ab und streckte den Arm aus. »Ich glaube, der Kerl singt«, dachte Karl Erdmann, »der ist froh, uns los zu sein. Wir kommen ihm wohl etwas unheimlich, vielleicht ein bisschen lächerlich vor. Ein wunderlicher Kauz mit seinen inneren Vorbereitungen, eigentlich eine Frechheit, was er da gesagt hat, und doch –«, er dachte an die Nacht im Park, an Danielas Tränen, die auf sein Gesicht fielen, an die schmerzhafte und doch so wundervolle Gespanntheit seiner Seele in jener Nacht. Es mochte nicht ganz leicht sein, da wieder anzuknüpfen, als sei nichts geschehen. Aber schließlich war er doch nicht verpflichtet, tot zu sein; und als es gegen Abend kühler wurde, der westliche Himmel sich rot und gold färbte und aus den Wiesen und Feldern der Sommer wieder stark und süß zu duften begann, da erschien dieses Anknüpfen ans Leben Karl Erdmann immer leichter. Als endlich am Ende der Allee das Haus auftauchte und die Freitreppe, auf der sich im Abendlichte Gestalten in hellen Sommerkleidern bewegten, da freute er sich wieder stark auf das Leben, das ihn dort erwartete.

Leo rief »Hurra«, und Frau von Wallbaum lehnte ihren Kopf an Karl Erdmanns Brust und weinte: »Ach, diese schrecklichen Sachen, die die Männer tun«, klagte sie. Aber Herr von Wallbaum klopfte ihr auf den Rücken und beruhigte sie: »Nun, nun, jetzt ist's ja vorüber, jetzt braucht man nicht mehr davon zu sprechen und daran zu denken.« – »Ach ja«, sagte Frau von Wallbaum und wischte sich die Augen, »jetzt braucht man an diese schrecklichen Dinge nicht mehr zu denken.«

Karl Erdmann sah sich nach Daniela um. Sie stand ein wenig abseits und schaute sich ruhig, als gehörte sie nicht dazu, die Familienbegrüßung an. Als Karl Erdmann auf sie zutrat, reichte sie ihm die Hand und sagte: »Nun also.« Er wollte ihr in die Augen sehen, sie aber sah an ihm vorüber, das kränkte ihn. Allein er tröstete sich, jetzt hatte er ja Zeit, es war doch gut, wenn man nicht mehr Eile zu haben braucht.

Die Familie wartete heute einigermaßen gespannt

auf das Abendessen, große Krebse waren angekommen und sollten serviert werden. Herr von Wallbaum beriet mit Graf Lynck und Botho über den Moselwein, der dazu getrunken werden sollte, auch Karl Erdmann interessierte sich für den Moselwein. Die Mahlzeit gestaltete sich nun auch sehr angeregt, und Karl Erdmann fasste die Heiterkeit um ihn her als Ovation für sich auf, er wurde ganz ausgelassen. Zuweilen schaute er zu Daniela hinüber, sie war ja doch der eigentlichste, tiefste Grund seiner Heiterkeit und seines Glückes. Sie saß wieder so da, als hätte sie keinen rechten Anteil an der Familienheiterkeit, die wohlwollende Fremde, die von der Familie ein wenig abrückt. Sie sollte nur abrücken, Karl Erdmann wusste wohl, von ihm konnte sie nicht fortrücken. Er fühlte sich ordentlich erhoben von dem starken männlichen Besitz- und Machtbewusstsein.

Nach dem Essen auf der Veranda musste Karl Erdmann neben seiner Mutter sitzen, sie hielt seine Hand und erzählte vom gestrigen Tage, und er empfand es wieder, dass es nichts Beruhigenderes gab als diese Stimme. Es war die alte Kindergewohnheit, und das Kind hatte gewusst, dass, wo diese Stimme erklang, ihm nichts geschehen konnte. Während er behaglich zuhörte, versuchte er unter den Gestalten, die sich vor ihm im Dunkeln auf der Veranda bewegten, Daniela zu erkennen. Dort war sie, schmal, weiß, aufrecht, gefolgt von dem leisen Rauschen ihrer Schleppe. Jetzt stieg sie einige Stufen der Treppe hinab, jetzt stand sie und sprach mit jemand. Es war Dorn. »Ach, Herr Dorn«, sagte sie, »ich habe meine griechische Lektion für morgen noch nicht gelernt, wie werde ich morgen bestehen.« – »Morgen, gnädige Frau«, erwiderte Dorn, »bis morgen ist es noch eine Unendlichkeit hin.«

Karl Erdmann ärgerte sich darüber, dass dieser Herr die einfachsten Dinge so pathetisch sagte, als sollte es eigentlich eine Liebeserklärung sein. Als Daniela gleich darauf allein auf dem Gartenwege stand, ging er zu ihr hinüber. »Daniela«, sagte er leise und heiser vor Erregung, »für Sie – für dich scheint es, bin ich noch nicht zurückgekommen.« Er griff nach ihrer Hand, die einen Augenblick kühl und schlaff in der seinen lag und sich ihm dann entzog. »Bitte, lassen Sie«, sagte Daniela. »Ach, Karl Erdmann, Sie gehören auch zu jenen, die nie verstehen.« Karl Erdmann schwieg, starrte vor sich ins Dunkle hinaus – nein, er verstand nicht, er wusste nur, dass er sich plötzlich so elend fühlte, dass er fror. Daniela war nicht mehr neben ihm, er stand allein da und sann. Eine große Wut stieg in ihm auf. »Was will sie?«, murmelte er vor sich hin. Er ging abseits, sich in eine dunkle Ecke der Veranda zu setzen. Das Gespräch der andern klang jetzt wie etwas Fernes, das ihn nichts anging, zu ihm herüber. Jemand rief: »Karl Erdmann!«, er antwortete nicht, er drückte sich in seine Ecke und versuchte zu verstehen.

Durch die Stille des nächtlichen Gartens kam ein Ton, ein kurzer, trockener Ton. »Es war ein Schuss«, sagte Herr von Wallbaum. – »Ja, drüben im Park«, sagte Botho. Nun hörte man hastige Schritte über den Kies laufen, sie kamen aus der Allee auf die Treppe zu. Jemand im hellen Kleide blieb vor der Treppe stehen, und man hörte ein lautes Weinen. »Was gibt es?«, rief Herr von Wallbaum und stieg die Treppe hinab, »wer ist da? Sie, Lina? Wo kommen Sie her? Was ist denn geschehen? Wer hat geschossen?« – »Ach Gott, ach Gott«, jammerte Lina, »ich weiß nicht, wir – ich war drüben am Teich, da hat einer geschossen. Jetzt liegt er auf der Bank unter dem Ahorn.«

»Wer denn? So sprechen Sie, Mädchen«, herrschte Herr von Wallbaum sie an.

»Aristides Dorn«, sagte jemand. Karl Erdmann trat schnell zu den andern; war es nicht Daniela gewesen, die »Aristides Dorn« gesagt hatte? Eine große Aufregung entstand jetzt, Herr von Wallbaum rief nach den Dienern, nach Laternen. Von allen Seiten kamen Leute, und man machte sich auf, in den Park zu gehen. Karl Erdmann ging mit, aber er war noch so in seine Gedanken versunken, dass er ein wenig zurückblieb. Warum hatte Daniela »Aristides Dorn« gesagt, wie wusste sie das? ›Sie sind von denen, welche nie verstehen‹, hatte sie gesagt, und nicht zu verstehen, sie nicht zu verstehen, empfand er als quälende Demütigung. Die andern waren schon an der Bank unter dem Ahorn angelangt, als Karl Erdmann sie einholte. Auf dem Boden lag Aristides Dorn ausgestreckt, die Laternen beleuchteten hell sein Gesicht, das von einer graugelben Blässe und leicht verzogen war wie im Schmerz oder als wollte es weinen. Von der Schläfe lief ein dunkler Blutstreif auf die Wange herab. Bei ihm aber kniete Daniela, sie hatte den Kopf des Toten auf ihre Knie gelegt, beugte sich auf ihn nieder und strich ihm sanft mit der Hand die schwarze Locke aus der Stirn. Zuweilen erhob sie den Kopf und sagte etwas zu den Umstehenden. Ihre Wangen waren leicht gerötet, ihr Gesicht feucht von Tränen, und ihre Augen hatten den strahlenden Glanz überstarken Fühlens, der auch im Schmerz etwas wie die Erregung eines Glückes in sie hineinlegte. Karl Erdmann sah all das ganz deutlich, ja er sah nur das, so furchtbar ergriff ihn diese bei dem Toten kniende Frau. Männer kamen mit einer Art Tragbahre, auf die Aristides Dorn gelegt wurde, und dann setzte sich der Zug langsam dem Hause zu in Bewegung. Daniela ging neben der Bahre her, als würde dort etwas getragen, das ihr gehörte. Am Hause gab Herr von Wallbaum leise seine Befehle, die Leiche sollte in dem leeren Zimmer neben dem Wintergarten aufgebahrt werden, Leute sollten nebenan wachen, der Arzt musste geholt werden, der Totenschau wegen. Karl Erdmann wurde es unerträglich, bei der Bahre zu stehen, er ging ins Haus.

Im Gartensaal standen die Frauen verschüchtert beieinander. Als Karl Erdmann eintrat, schauten ihn alle aufgeregt an. Er nickte und sagte leise: »Ja, es ist Dorn.« Er wollte nicht mehr sprechen, stellte sich an ein Fenster und schaute hinaus. »Warum?«, fragte Frau von Wallbaum. Er zuckte die Achseln. Lina, die in einer Ecke des Zimmers stand, begann laut zu weinen und wurde von Frau von Wallbaum zur Ruhe verwiesen. Als dann auch Leo heftig zu weinen begann, musste ihm Lina Wasser holen. Dann schwiegen alle, saßen da und schauten vor sich hin, als warteten sie auf etwas. Einmal sagte Frau von Wallbaum zu Lina: »So schließen Sie doch die Gartentüre, es ist unerträglich, so ins Dunkle hineinzusehen.« Endlich kamen die andern. Herr von Wallbaum hatte das Bedürfnis, laut und schnell zu sprechen: »Fatal, sehr fatal. So ein junger Mensch schießt sich tot, mir nichts, dir nichts. Und warum? Keiner hat ihm was getan. Aber das ist die Schlappheit der heutigen Jugend. Keine Zucht. Zu meiner Zeit schoss man sich tot, wenn der Karren so verfahren war, dass er nicht mehr weiterging. Die heutigen jungen Leute machen ihren Abendspaziergang und schießen sich eine Kugel durch den Kopf, wie ein anderer sich eine Zigarette anzündet. Widerlich.« Er ging in das Esszimmer hinüber, trank einen Kognak, kam dann zurück, sprach weiter: »Kann einer mir sagen warum? Hat einer eine Ahnung warum?« Da niemand antwortete, ließ er sich in einen Sessel fallen und schwieg auch. Als eine Türe aufging, schreckten alle ein wenig zusammen.

Daniela erschien. Sie kam aus ihrem Zimmer, hatte einen schwarzen Mantel umgelegt und ging eilig zur Gartentüre. Einen Augenblick blieb sie stehen und sagte zu Frau von Wallbaum: »Ich gehe noch hinüber.« Dann verschwand sie. Alle schauten ihr nach, als hätte etwas Unerklärliches sich eben ereignet. Graf Lynck trat an das Fenster, um hinauszuschauen. »Was tut sie?«, fragte Herr von Wallbaum leise. – »Jetzt pflückt sie die Lilien«, berichtete Graf Lynck. – »Meine Lilien!«, klagte Frau von Wallbaum leise. – »Jetzt geht sie in den Wintergarten«, meldete Graf Lynck weiter. Herr von Wallbaum schlug sich mit der flachen Hand auf das Knie: »Ist denn heute alles toll geworden! Weiß einer, was die Daniela mit diesem jungen Menschen zu tun hat. Lauter ganz unverständliche Sachen!« Graf Lynck lächelte sein überlegenes Lächeln und meinte: »Es gibt eben Frauen, die nicht genug fünfte Akte erleben können.« Aber Herr von Wallbaum ärgerte sich darüber: »Das ist eine Redensart, mein Lieber, im besten Fall ein Witz, erklärt aber nichts.« Da keiner Lust zu haben schien, eine Erklärung zu geben, erhob sich Herr von Wallbaum: »Jetzt ist nichts zu machen. Wenn der Doktor kommt und so, gibt es Schreibereien genug für mich, also gute Nacht.« – »Ja, gehen wir«, sagte Frau von Wallbaum, »nicht wahr, Mann, du kommst bald nach.« – »Ich schlafe heute Nacht bei Oda«, sagte Heida, »und Lina schläft bei mir«, verkündete Fräulein Undamm.

»Wovor fürchtet ihr euch denn?«, fragte Botho erstaunt.

»Des armen Herrn Dorns wegen«, meinte Heida,

»fürchte ich mich nicht. Das eigentlich Unheimliche ist Daniela.«

So zogen sie sich alle zurück, nur Karl Erdmann blieb und ging unruhig im Saale auf und ab. Er konnte Daniela nicht allein lassen dort bei dem Toten, die andern alle verließen sie, flüsterten über sie, fürchteten sich vor ihr. Ein qualvolles Mitleid stieg in ihm auf. Mit der Liebe und der Eifersucht hatte er Not genug, nun kam noch dieses Mitleid und machte ihn vollends wehrlos und krank. »Ich geh zu ihr«, beschloss er und stieg in den Garten hinunter. Er näherte sich dem Wintergarten, um durch das Fenster zu schauen. Das große, weißgetünchte Zimmer war von Kerzen hell erleuchtet, auf einem weißen Ruhebette lag Aristides Dorn, seine Züge hatten jetzt eine strenge, überlegene Ruhe, die Locke lag tintenschwarz auf seiner bleichen Stirn. Ein großes Büschel Lilien war ihm auf die Brust gelegt. Abseits in einer Ecke saß Daniela in einem Gartenstuhl, fest in ihren Mantel gewickelt. Sie schaute tief in Gedanken gerade vor sich hin, und ihr Gesicht hatte einen aufmerksamen und belebten Ausdruck, wie sie ihn zuweilen in Gesprächen hatte, die ihr Gefühl erregten. Karl Erdmann öffnete leise die Tür und trat ein. Daniela schreckte ein wenig zusammen und wandte sich nach ihm um.

»Sie, Karl Erdmann, warum kommen Sie?«, fragte sie flüsternd. – »Ich komme Sie holen, Daniela«, antwortete er ebenso leise. »Sie dürfen hier nicht allein bleiben, kommen Sie zu uns.« Daniela wandte ihren Kopf wieder von ihm ab und sagte abweisend: »Ach nein, ich bleibe noch ein wenig, ich glaube, es würde ihm wohltun, wenn er wüsste, dass ich hier bei ihm sitze.«

Karl Erdmann zuckte die Achseln: »Er? – Ihm können wir doch nicht mehr helfen.«

Daniela schien das nicht zu hören, sie sprach weiter, erhob ein wenig die Stimme, als spräche sie dort zu dem Toten hinüber: »Wissen Sie, dass sie einen Zettel bei ihm gefunden haben, auf dem hat er in seiner guten ordnungsliebenden Art geschrieben: ›Der Ordnung wegen bemerke ich, dass ich freiwillig aus dem Leben gehe‹, ich weiß aber, dass er um mich gestorben ist.«

»Ein Kranker«, unterbrach Karl Erdmann sie ungeduldig, »er hat es mir selbst gesagt, dass er krank war.«

Daniela lächelte wie zu einer Torheit: »Sie wissen nicht, Karl Erdmann, wie schrecklich es ist, wenn etwas so unendlich Großes wie solch eine Liebe uns ganz nahe gewesen ist, und wir haben sie nicht beachtet, und wir haben es geschehen lassen, dass sie sich still fortschleicht.«

»Seine schwächliche Liebe«, stieß Karl Erdmann mühsam vor Erregung heraus, aber Daniela unterbrach ihn: »Sagen Sie nichts, Karl Erdmann, Sie können das nicht verstehen, bitte gehen Sie, stören Sie uns nicht, Ihnen kann es doch gleich sein, ob ich hier sitze oder nicht.« Sie lehnte den Kopf zurück und schloss die Augen.

Karl Erdmann stand noch da, er sah zu Aristides Dorn hinüber, schaute dies Gesicht an, das so streng und überlegen zwischen den weißen Lilien lag, und ein heißes Gefühl des Zornes schnürte ihm die Kehle zusammen, und dann schämte er sich dieses Zornes gegen den hilflosen Toten. Leise verließ er das Zimmer.

Draußen in der lauwarmen Dunkelheit begann er langsam wie eine Schildwache vor dem Wintergarten hin und her zu gehen. Aber Aristides Dorns bleiches Gesicht stand deutlich wie eine Vision vor seinen Augen, und dann war es nicht mehr das Gesicht des Toten dort, sondern des Lebenden, wie er in der Morgendämmerung auf der Bank gesessen hatte, die frierenden Lippen lächelten mühsam ihr hochmütiges Lächeln und sagten: »Sie vertragen hier keinen Alltag, da kommt ein armer Werktagsmensch nicht auf, der zählt nicht.« Karl Erdmann blieb stehen, ein Gedanke, der ihm durch den Kopf schoss, erschütterte ihn. Aristides Dorn hatte nicht mehr alltäglich sein wollen, und er, Karl Erdmann, war wieder alltäglich. Jetzt verstand er, aber das Verstehen war bitterer noch als das Nichtverstehen.

Am nächsten Morgen reiste Daniela von Bardow ab. Sie nahm nur von Frau von Wallbaum Abschied. »Ich danke dir für deine Liebe«, sagte sie. »Dieses traurige Ereignis hat mich so seltsam verwirrt, dass ich euch zu stören fürchte. Ich passe nicht mehr in euer freundliches Leben.« Frau von Wallbaum weinte zwar ein wenig, fühlte sich aber Daniela gegenüber befangen. Aristides Dorn wurde in seine Heimat gebracht, um dort bestattet zu werden, und nur wenige der langen Sommertage waren nötig, damit all diese Geschehnisse recht weit zurückzuliegen schienen. – Frau von Wallbaum stand im Morgensonnenschein wieder auf der Veranda, und als Karl Erdmann zu ihr trat, stützte sie sich auf seinen Arm und begann die Gedanken auszusprechen, die sie eben beschäftigt hatten: »Nun sind wir wieder in unserer Ordnung, nur meine Lilien sind fort. Es ist so sicher, nur die Seinen um sich zu wissen, denn mit den Fremden, man weiß nie – –. Daniela habe ich sehr geliebt, ich glaubte sie zu kennen, und dann plötzlich in einer Nacht wird sie jemand ganz Unbekanntes, Unverständliches. Nun, das ist vorüber, und wir haben wieder unser gutes bekanntes Leben. Morgen, denke ich, lasse ich die Pflaumen abnehmen, es wird Zeit sein, ich will noch einmal nachsehen.« Damit verließ sie Karl Erdmann und ging in den Garten hinab. Er blieb auf der Veranda stehen und pfiff leise vor sich hin. Das gute bekannte Leben – er hatte nichts dagegen, aber wenn er es recht bedachte, war für ihn der Inhalt dieses guten Lebens doch nur ein beständiges Zurückdenken an die Tage, die eben vergangen waren. Das war kaum mehr erregend, sondern wie ein stets gegenwärtiger Traum, der die friedlichen Vorkommnisse der Tage begleitete. Karl Erdmann stieg auch in den Garten hinab, um zu Oda zu gehen, die drüben unter den Bäumen in der Hängematte lag. Er lehnte sich neben sie an einen Baum und schaute sie an. Es war hübsch, wie die Blätterschatten rege über das schöne blonde Mädchen hinflirrten und hinrieselten.

»Nicht wahr, Karl Erdmann«, sagte Oda, indem sie die Baumkronen hinaufblickte, »dir erscheint der Garten wohl jetzt sehr leer und einsam. Das kenne ich. Immer wenn jemand fort war, den ich liebte, schien es mir, als könnte es nichts Einsameres geben als diesen Sonnenschein auf diesen Rasenplätzen.« –

»Ich denke, ich werde abreisen zum Regiment«, sagte Karl Erdmann.

Oda hob die Arme, schob sich die gefalteten Hände in den Nacken und reckte behaglich ihre ganze Gestalt: »So, du willst fort«, sagte sie. »Ja, vielleicht ist das gut. Ein Kummer hier bei uns vergeht nicht, es ist hier zu geschützt, er gedeiht hier zu gut, wie alles, wie die dicken Rosen und die großen gelben Pflaumen.«

»Und wird süß wie sie, würde Aristides Dorn sagen«, ergänzte Karl Erdmann.

»Hat das der arme Herr Dorn gesagt?«, fuhr Oda fort. »Er wird süß, ja, das auch, er wird zu einer Beschäftigung und reiht sich sanft in das Leben ein. Vorigen Tag hörte ich, dass Heida nach mir fragte, und Leo antwortete: ›Du weißt doch, von elf bis zwölf liegt Oda in der Hängematte und ist traurig.‹ So ist es auch, wir wehren uns hier nicht. Wir liegen in der Hängematte und lassen uns von unserem Kummer einhüllen und einwiegen. Nein, ich glaube, ein Mann, der noch etwas tun will, der sollte mit seinem Kummer nicht hier bei uns bleiben.«

ANHANG

Zu dieser Ausgabe

Der Text der erstmals 1914 erschienenen Erzählung folgt der Ausgabe:

> Eduard von Keyserling: Gesammelte Erzählungen in vier Bänden. Bd. 3. Hrsg. und eingel. von Ernst Heilborn. Berlin: S. Fischer, 1922. S. 211–300.

Die Orthographie wurde auf der Grundlage der gültigen amtlichen Rechtschreibregeln modernisiert, der Lautstand wurde gewahrt. Offensichtliche Druckfehler wurden korrigiert, grammatische Eigenheiten blieben unangetastet. Stillschweigend eingegriffen wurde bei der Wiedergabe von wörtlicher Rede und Gedanken: Die gelegentlich fehlenden Anführungszeichen sowie Gedankenstriche zwischen den unterschiedlichen Sprechertexten innerhalb eines Absatzes wurden ergänzt, das schließende Anführungszeichen steht jeweils vor dem Komma. Apostrophe bei Auslassungen wurden weitgehend getilgt. Ansonsten folgt die Interpunktion der Vorlage. Sperrsatz sowie der Wechsel von Frakturschrift zur Antiqua bei fremdsprachigen Ausdrücken werden hier kursiv wiedergegeben.

Anmerkungen

9,9 f. *Gardedukorpsmanieren:* Gemeint ist die »Garde du Corps«, die berittene Leibwache und zugleich Kampftruppe der preußischen Könige, eine Elitetruppe, die bekannt war für ihre prächtigen Uniformen und tadellosen Umgangsformen.

9,16 *Legationsrat:* Amtsbezeichnung im diplomatischen Dienst.

11,11 *Referendar:* Referendariat: seit dem 19. Jahrhundert die Vorbereitungsphase auf ein staatliches Amt nach der ersten Staatsprüfung.

12,21 *Sakramentales:* Heiliges.

13,16 *Mullgardinen:* Gardinen aus einem leichten, locker gewebten Baumwollstoff.

19,18 f. *Zentifolien ... Immortellen:* Zentifolien: gefüllte (›hundertblättrige‹), stark duftende Rosen; Immortellen: ›die Unsterblichen‹; gelbe, würzig riechende

Strohblumen, die getrocknet ihre Farbe und Form behalten; auch Currykraut genannt.

23,3 *Trauermantel:* Schmetterlingsart, deren Flügel in der Mitte dunkelbraun-violett gefärbt sind. Es schließen sich ein schwarzes Band mit leuchtend blauen Flecken und ganz außen ein hellgelber und gezackter Rand an.

24,21f. *Pikeeanzug:* Pikee/Piqué: Baumwollstoff, der durch einander abwechselnde Höhen und Tiefen eine reliefartige Struktur hat.

28,1 *Couchette:* Couch, Sofa.

28,19 *Kommissgedanken:* Kommiss: Militärdienst.

31,4 *reçu:* (frz.) angenommen, aufgenommen.

36,6 *fayenceblauer:* leuchtend blau wie die Glasur auf der gleichnamigen Keramik, die nach der italienischen Stadt Faenza benannt ist.

38,1 *Levkojenbeeten:* Levkojen: weiß-, rosa- oder lilablühende Gartenblumen, die erst in der Nacht ihren starken Duft entfalten.

40,19 *Duchessebirne:* alte, sehr saftige und süße Birnensorte, die nach der frz. Herzogin von Angoulême, der Tochter Ludwigs XVI., benannt ist.

48,5 *Brom:* beruhigendes, angstlösendes Arzneimittel; früher allgemein zugänglich, heute verschreibungspflichtig, weil Brom schnell abhängig macht und bei Überdosierung zu Vergiftung führt.

49,5 *Rauentaler:* Riesling aus Rauenthal bei Eltville im Rheingau.

49,6 *Bockzigarre:* »Bock« ist eine der ältesten Zigarrenmarken aus Kuba; die Firma Bock wurde Mitte des 19. Jahrhunderts von dem deutschen Auswanderer Gustav (Gustavo) Bock in Havanna gegründet.

55,12 *Spiräahecke:* Die üppig weiß oder rosa blühenden Spiersträucher sind aufgrund ihres dichten Wuchses als Hecke beliebt.

58,6 *Nähterinnen und Konfektionsfräulein:* Nähterinnen: alte Form von ›Näherinnen‹; Konfektionsfräulein: Probierdamen, Models, die den Kundinnen die Konfektionsmode in den gängigen Größen vorführten; Konfektionsfräulein hatten den Ruf, sich leichtfertig mit Männern einzulassen und sich von ihnen aushalten zu lassen.

66,1 *die Ente an den Ständern:* (jägersprachlich) bei den Beinen.

66,7 *mausernden Erpels:* einer männlichen Ente, die ihr Federkleid wechselt.

74,20 *Thomas a Kempis zu lesen:* Thomas von Kempen, geboren im letzten Viertel des 14. Jahrhunderts in

Kempen bei Krefeld, gestorben im letzten Viertel des 15. Jahrhunderts, war Augustinerchorherr in einem niederländischen Kloster. Er hat mehrere Bücher verfasst, sein berühmtestes wurde erst nach seinem Tod aus vier unterschiedlichen Texten zusammengestellt und unter dem Titel *De imitatione Christi* (Von der Nachfolge Christi) veröffentlicht. Von diesem Buch ist hier die Rede. Es ist eine Mischung aus nüchternem Ratgeber für ein Leben im Kloster und einem Andachtsbuch und war über die Jahrhunderte hinweg bis ins 20. Jahrhundert enorm einflussreich, wurde von Christen und Nichtchristen gleichermaßen gelesen und in viele Sprachen übersetzt.

78,8 f. *Schuberts Wanderer:* Gemeint ist das romantische Kunstlied *Der Wanderer* von Franz Schubert, dem das Gedicht *Des Fremdlings Abendlied* von Georg Philipp Schmidt von Lübeck zugrunde liegt. Der melancholisch-sehnsuchtsvolle Text kreist um die Themen Heimweh, Einsamkeit, Weltschmerz und Wanderschaft. Die letzte Gedichtzeile ist sprichwörtlich geworden: »Da, wo du nicht bist, ist das Glück.«

83,2 *Ambra:* eine Substanz aus dem Verdauungstrakt der Pottwale, die als holzig-tabakartige Basisnote bei der Parfümherstellung diente.

88,6 *Landauer:* vierrädrige Kutsche mit vier Sitzen und einem flexiblen Verdeck, das man öffnen und schließen kann; der Landauer diente als Grundform für die ersten Automobile.

88,20 *Verbenen:* auch Eisenkraut genannt; prächtig in verschiedenen Farben blühende Sommerblume; die Pflanze symbolisierte Treue und Unverwundbarkeit.

89,23 f. *der Engländerin meiner Schwester:* der englischen Gouvernante meiner Schwester.

91,8 f. *Heil dir im Siegerkranze:* Das Lied hatte Heinrich Harries 1790 auf die Melodie der englischen Nationalhymne *God save the King* veröffentlicht; in einer überarbeiteten Form wurde es 1793 zur preußischen Königshymne, ab 1871 zur Kaiserhymne und inoffiziellen Nationalhymne. Das patriotische Lied wurde als ›Verbeugung‹ vor dem Kaiser gesungen, gleichzeitig schwor es auf Kriegs- und Opferbereitschaft für das Vaterland ein (»Kämpfen und bluten gern / Für Thron und Reich«).

95,23 *Östricher:* Wein aus Oestrich (heute Oestrich-Winkel), einem bekannten Winzerort im Rheingau.

97,14 *credo quia absurdum est: (lat.)* »Ich glaube, weil es widersinnig ist.« Der Satz wurde dem frühchristlichen Autor Tertullian zugeschrieben. Er besagt, dass bestimmte christliche Glaubensinhalte (die Menschwerdung Christi, seine Kreuzigung und Auferstehung von den Toten) vom Verstand nicht begriffen und gerade deshalb nur geglaubt werden können.

98,12 *Cercle:* (frz.) Kreis, Zirkel.

98,24 *bog ich die Karte:* In dem Glücksspiel Pharo mit französischen Karten gibt es die Möglichkeit, Paroli zu bieten, das heißt, den Gewinn nicht einzustreichen, sondern gemeinsam mit dem ursprünglichen Einsatz zu setzen. Das zeigt man durch ein Aufwärtsbiegen der Gewinnerkarte an.

99,5 f. *›un monstre incompréhensible‹, sagt Pascal:* Das Zitat stammt aus den *Gedanken* (*Pensées*) des französischen Philosophen und Mathematikers Blaise Pascal (1623–1662); dort heißt es: Wenn er [der Mensch] sich rühmt, demütige ich ihn. Wenn er sich demütigt, rühme ich ihn. Und ich widerspreche ihm immer. Bis er begreift, dass er ein unbegreifliches Monstrum [*un monstre incompréhensible*] ist.«

110,6 *literarische Reminiszenz:* Anklang an ein literarisches Werk.

110,10 *Lichtenberg:* Georg Christoph Lichtenberg (1742–1799), Mathematiker, Physiker und Schriftsteller;

bekannt für seine Aphorismen. Den hier erwähnten Traum schildert Lichtenberg 1799 in einer seiner letzten Aufzeichnungen (*Sudelbücher*, Heft L) vor seinem Tod etwas anders: Dort sitzt er in einem Gasthaus einem jungen Mann gegenüber, der Suppe isst und dabei immer den zweiten oder dritten Löffel in die Höhe wirft, um ihn dann zu verspeisen. Daneben sitzt eine alte Frau und strickt. Als Lichtenberg sie fragt, was man bei diesem seltsamen Würfelspiel gewinnen könne, antwortet sie: Nichts. Und als er sie fragt, ob man etwas verlieren könne, antwortet sie wieder: Nichts. »Dieses hielt ich für ein wichtiges Spiel«, endet Lichtenberg die Traumerzählung. Die alte Frau hatte ihm gezeigt, dass bei diesem Spiel, der Lebensreise, nichts gewonnen und nichts verloren werden kann.

Nachbemerkung

»Es ist sehr hübsch gesagt, ein Reservoir für das Schöne, Vornehme und Kultivierte. Im Mai, glaube ich, war es, dass der Geburtstag von Fräulein Oda gefeiert wurde. Für das Diner waren Birnen aus der Stadt geholt worden. Es waren die größten Birnen, die ich je gegessen habe, und auch wohl die süßesten und die saftigsten, wundervolle Birnen, aber genau genommen, sind solche wundervolle Birnen kranke Birnen. Es sollte vielleicht solche Birnen nicht geben.« Mit diesen Worten charakterisiert Aristides Dorn, der Hauslehrer des fünfzehnjährigen Leo, das Leben der Gesellschaft um die Familie von Wallbaum, die den Sommer wie jedes Jahr in ihrem Landhaus verbringt. Zentrum dieses von Jagdausflügen, Spaziergängen im Park des Anwesens und dekadenter Melancholie gekennzeichneten Lebens ist Daniela von Bardow, eine junge, geschiedene Frau, in die alle anwesenden Männer verliebt sind: der zu Beginn der Erzählung neu angekommene und frischgebackene Leutant Karl Erdmann, ein Sohn des Grafen von Wallbaum, sein Bruder Botho, der Graf von Lynck, der eigentlich mit Oda, einer der Töchter des Hauses, verlobt ist, der fünfzehnjährige Leo, sein Hauslehrer Aristides Dorn und sogar der alte Graf von Wallbaum. Sie alle kreisen um Daniela, die die ganze Gesellschaft in einer Art fiebrigem Sommertraum zusammenhält wie das sprichwörtliche Licht, um das die Motten kreisen, oder, wie es Graf Lynck formuliert: »Nun ja, Frau von Bardow will eben auch, dass, wenn Windmühlen um sie her sind, sie sich drehen.«

Dabei erscheinen die weißen Kleider der Damen und ihre Sonnenschirme, die Ausfahrten im Boot, die Picknicke und Abendspaziergänge in der idyllischen Landschaft wie aus impressionistischen Gemälden von Claude Monet oder Max Liebermann. Und in der Tat sind die Erzählungen von Eduard von Keyserling dem literarischen Impressionismus zuzurechnen, der, von der Malerei ausgehend, um 1900 auch die Literatur erfasst. Dabei geht es in erster Linie darum, subjektive Eindrücke und flüchtige Momente festzuhalten, die vor allem durch die Beschreibung von Farben und Lichteffekten eine besondere Intensität erhalten. Zu den bekannten Vertretern des deutschen Impressionismus zählen Arthur Schnitzler, Stefan Zweig und Hugo von Hofmannsthal, während Eduard von Keyserling erst in den letzten zehn bis zwanzig Jahren wiederentdeckt wird – und das, obwohl er einen bekannten Fürsprecher hat: Thomas Mann. Mann schätzte Keyserling sehr und zog ihn sogar Theodor Fontane vor. Keyserlings Werk sei »schmaler, graziler, später, wählerischer, es hat nervöseren Puls; der Blick auf das Leben ist kälter geworden, die Ironie geistiger, das Wort präziser, der Gesamthabitus ungemütlicher, künstlerischer und weltläufiger – man spürt die Europäisierung der deutschen Prosa seit 1900«.

Die Weltläufigkeit und die Subtilität der Gesellschaftskritik von Keyserling sind eng mit seinem Leben verbunden, das sich selbst wie eine Erzählung des Fin de Siècle liest: Eduard Graf von Keyserling wird 1855 als Sohn einer baltischen Adelsfamilie auf Schloss Paddern bei Hasenpoth geboren, das damals Teil des Russischen Kaiserreichs war und heute zu Lettland gehört. Sein Studium der Rechtswissenschaften bricht er ab, nachdem er aus nicht genauer bekannten Gründen unehrenhaft aus seiner studentischen Verbindung ausgeschlossen wurde – ein Neffe berichtet von einer »Lappalie«. Dieser Ausschluss führt dazu, dass er auch von Standesgenossen und sogar der eigenen Familie gemieden wird, weshalb er mit 23 Jahren nach Wien, der Heimatstadt von Stefan Zweig und Hugo von Hofmannsthal, übersiedelt, wo er Philosophie und Kunstgeschichte studiert und für die *Wiener Allgemeine Zeitung* arbeitet. Das Schloss Paddern bewirtschaftet er einige Jahre lang bis zum Tod seiner Mutter, doch statt nach Wien zurückzukehren, zieht er mit seinen beiden Schwestern nach München, wo er der berühmten Schwabinger Boheme angehört. Zum Leben eines Bohemiens passt nicht nur, dass er zeitlebens unverheiratet war, sondern auch seine Syphiliserkrankung, eine geradezu typische Künstlerkrankheit der Dekadenz und des Fin de Siècle, seine Italienreisen und seine Freundschaft mit dem als »Bürgerschreck« bekannten Frank Wedekind.

Aus dem fernen München beschreibt Keyserling, der in den letzten zehn Jahren seines Lebens aufgrund seiner Krankheit blind war, in seinen Erzählungen in seinem ganz eigenen Stil mit großer psychologischer Sensibilität die von Farben und Düften angefüllte dekadente Welt des untergehenden Adels in seiner Heimat. Die Stimmung dieser Gesellschaft, die zwischen Melancholie und Langeweile, erotischen Andeutungen und Todessehnsucht die schwül-heißen Sommertage inmitten einer blühenden, von Früchten berstenden Parklandschaft verbringt, erscheint als das Reservoir einer Lebensart, die nostalgisch vergangenen Zeiten hinterherträumt, und zugleich als Verkörperung eines Müßiggangs, der fatal und faszinierend zugleich ist – wie die süßen Birnen, von denen Aristides Dorn spricht. Wenn Leo sagt: »Du weißt doch, von elf bis zwölf liegt Oda in der Hängematte und ist traurig«, dann trifft das diese Stimmung nicht nur haargenau, sondern macht Lust, auch ein wenig traurig in der Hängematte zu liegen – vielleicht mit einer Erzählung von Graf von Keyserling als Begleitung.

Inhalt